EURO BASKETBALL
MODERN TECHNIQUES

ヨーロッパスタイル・バスケットボール
最新テクニック【新装版】DVD付

トーステン・ロイブル 著

伊豆倉明子 訳

大修館書店

本書は、「ヨーロッパスタイル・バスケット 最新テクニック」（2008年9月25日初版第1刷発行、スキージャーナル株式会社）の復刻新装版です。

I LOVE BASKETBALL !!
アイ ラブ バスケットボール!!

　私はバスケットボールを愛しています！　この言葉は私にとって単なるスローガン以上のものです。
　この競技との出会いは私が12歳のときでした。それからというもの、バスケットボールは私の家族以外の他の何よりも、多くのことを私に与え続けてくれています。バスケットボールは私にとてつもなく多くの実践的なレッスンを施してくました。私に自分の人生に真摯に取り組む姿勢を教えてくれました。そして、成功を勝ち得る道へと導いてくれました。
　バスケットボールは、皆さんがプレイヤーであれ、コーチであれ、チームワークやリーダーシップ、競争力や公正さ、寛容さや自制心、本気の心、忍耐力や自信、信頼性など、コート内外において成功を収めるために必要とされる能力を、私たちにもたらしてくれるのです。これは本当に驚くべきことです。
　成功は自分自身の手に委ねられているものです。多くのコーチは成功を得たいと考えます。しかし、成功とはそもそも何なのでしょうか？　成功とはこういうものだ、と明確にはっきりと説明することはできないでしょう。なぜなら、成功というものの要素は多岐にわたるからです。
　例えば、優勝した回数を数え、それによって成功したとみなすことができるでしょうか？　それは成功といえるかもしれません。しかし、それは成功という言葉を定義する唯一の方法ではありません。実際に、とても成功を収めているにもかかわらず、一度も優勝したことのないコーチは存在します。
　私は、コーチの仕事はまったく才能に恵まれない選手集団を、競争心に満ち溢れたバスケットボールチームへと作り上げることであると考えます。それを達成したコーチを、多くの才能ある有望選手を抱えて優勝を幾度となく繰り返したコーチ以上に、「成功を収めたコーチ」と呼ぶべきなのです。
　さらに付け加えるならば、コーチは選手たちの社会的な責任をも担っています。どれほど多くに、コーチは選手たちの人格や態度の形成に影響を与えているでしょうか？　怠け者で方向性を見失っている選手たちを、すばらしい態度で一生懸命動く選手へと変えることができるでしょうか？

私はそれを達成したコーチも「成功を収めたコーチ」であると思います。彼らは、選手たちに実際の人生において成功するための土台をしっかりと与えています。そのコーチはスポーツとは関係なく、人生における最も大きなキャリアをその選手に与えたことになるでしょう。なぜなら、その選手たちは将来の人生を自らの手で切り開き、変えることのできるツール（手段・方法）を与えてもらったからです。

　さて、選手から尊敬されるコーチになること、選手たちのコーチに対する見方を変えるということは、とても重要な問題です。コーチはよい人格やバスケットボール競技の理解を持つことで、選手からの敬意を自ら作り出さなければなりません。バスケットボールの理解とは、確かな知識に基づくものです。その基本原理をよく知れば知るほど、バスケットボールをよく理解することになるでしょう。

　ファンダメンタル（基礎、基本）を教えるにあたっては、そのコーチがすばらしいバスケットボール選手であることや、過去にバスケットボール選手であったかどうかは重要ではありません。コーチは自分が教えるからといって、その内容すべてを実践できる必要はないのです。教える内容をプレイできればそれはそれでいいことですが、より大事なのは、バスケットボールを深く理解し、今行なっている練習にどのような効果があるのかを知っていることなのです。

　私自身はプレイヤーとしてプロフェッショナルレベルになったことはありません。事実、私は16歳という若い年齢のときにバスケットボールをプレイすることをあきらめ、そのエネルギーを100％コーチングに注ぎました。私はコーチとしての自分は、プレイヤーであったレベルよりも高いレベルに達したと確信しています。

　歴史上のある時期において世界から孤立していた東ドイツに育ったことで、私は自分が何をやってきたかを周囲に認めさせる必要がありました。1990年のドイツ統一は私に、プロのバスケットボールコーチとしてのキャ

リアを作るためのすべての機会を与えてくれました。私はその当時18歳でしたが、世界各国で行なわれるバスケットボールのイベントをじっくりと観察するために旅をしました。そして私は、バスケットボールについてできる限りを尽くして勉強したのです。振り返ってみると、私は20カ国を超える世界各大陸の国々を訪れました。そのほとんどがバスケットボールに関する訪問です。このことは、私の深い競技理解を支えています。

　私が教える内容は私が信ずることです。これらはある特定の人物の哲学からなっているのではありません。何年にも及ぶコーチングの経験を通して、多くの本を読み、異なる場所で見たことや実際のゲームや練習によって得た経験から、選りすぐったものをまとめたものです。ほとんどが、私自身が自分のチームで指導し、よく効果の上がったものを見つけ出し、生み出した内容です。

　このことは重要なポイントとして提言したいのですが、バスケットボールの道に完璧な道（王道）はありません。もし、その道がひとつならば誰もがそれを得ようとするでしょうが、王道がない以上、成功のためには、分かち合い学び続けることが大事であり、一人ひとりにあった道を見つけ出すことが重要だと思います。

　このようなバスケットボール競技の基本について本を書くにあたり、私は自分の知識を他のコーチやプレイヤーたちと分かち合いたいと願っています。

　バスケットボールにおいてファンダメンタルは最も重要な事項です。しかし、個人のファンダメンタルやチームファンダメンタルといった大きな内容を、すべて網羅することは不可能です。したがって、私は書く内容を取捨選択しなければなりませんでした。皆さんにとって興味深いものになっていれば幸いです。

　私の本を手にしてくれてありがとうございます。皆さんがこの本を楽しく読み進めてくれることを願っています。

Torsten Loibl　トーステン・ロイブル

CONTENTS

アイ ラブ バスケットボール!! ・・・・・・・・・・・・・・・・・・・003

Chapter 1
第1章 コーディネイティブ能力 ・・・・・・・・013

スポーツにおけるコーディネイティブ能力の重要性 ・・・・・・・・015
コーディネーショントレーニングの諸条件 ・・・・・・・・・・・016
7種のコーディネイティブ能力 ・・・・・・・・・・・・・・・019

Chapter 2
第2章 個人オフェンスの基本技術 ・・・・・・・023

1. オープンになる動き ・・・・・・・・・・・・・・・025
   Vカット ・・・・・・・・・・・・・・・・・・・025
   バックドアカット ・・・・・・・・・・・・・・・028
   シール ・・・・・・・・・・・・・・・・・・・030
2. パス ・・・・・・・・・・・・・・・・・・・・・033
   ハイインサイドパス（オーバーヘッド スナップパス）・・・033
   ウィングデリバリーパス ・・・・・・・・・・・・・035
   ドライブ＆キック（サイドスナップパス）・・・・・・・038
3. ドリブル ・・・・・・・・・・・・・・・・・・・040
   スピード クロスオーバー ・・・・・・・・・・・・040
   クロスオーバームーブ ・・・・・・・・・・・・・042
4. シュート ・・・・・・・・・・・・・・・・・・・045
   オーバーハンド レイアップ ・・・・・・・・・・・045
   1ステップ レイアップ ・・・・・・・・・・・・・048
   パワーレイアップ ・・・・・・・・・・・・・・・050

目次

Chapter3
第3章 チームオフェンスの基本戦術 ・・・・・・・・053

- 1. オフェンスのスペーシング ・・・・・・・・・055
  - 2メンスペーシングの原則 ・・・・・・・055
  - スペーシングのフットワーク・・・・・・・057
  - ボールサイドの2メンスペーシング ・・・・059
  - ウィークサイドスペーシング ・・・・・・063
  - 3メンスペーシング ・・・・・・・・・・066
  - ゲームスペーシング・・・・・・・・・・・070
- 2. 2メンゲーム（ピックプレイ）・・・・・・・072
  - ピック&ロール・・・・・・・・・・・・・072
  - ピック&ポップ・・・・・・・・・・・・・076
  - ピック&スリップ・・・・・・・・・・・・078

Chapter4
第4章 個人ディフェンスの基本技術 ・・・・・・・083

- 1. オンボールディフェンス ・・・・・・・・・085
  - ディフェンスのスタンス・・・・・・・・・085
  - 相手に対する位置と間合い・・・・・・・・088
  - ステップステップモーション ・・・・・・089
  - リリースフットワーク・・・・・・・・・・090
  - バックコートではボールをコントロールする・・・092
- 2. ボックスアウト／リバウンド ・・・・・・・095
  - ポジショニングの予測・・・・・・・・・・095
  - ボックスアウト・・・・・・・・・・・・・096
  - リバウンド・テクニック・・・・・・・・・099
- 3. オフボールディフェンス ・・・・・・・・・101
  - ディナイディフェンス ・・・・・・・・・101
  - バックドアカットへの対応・・・・・・・・103

Chapter5
第5章 チームディフェンスの基本戦術 ・・・・・・・・・・・・・・・・・・ 105

 1. ポジショニング ・・・・・・・・・・・・・・・・・・・ 107
  ポジショニングの基本・・・・・・・・・・・・・・・・・ 107
  ヘルプからディナイへのフットワーク・・・・・・・・・・・ 109
  ディナイからヘルプへのフットワーク・・・・・・・・・・・ 110
 2. カットに対するディフェンス ・・・・・・・・・・・・・・ 112
  ウィークサイドカットに対するディフェンス・・・・・・・・ 112
  ギブ＆ゴーカットに対するディフェンス・・・・・・・・・・ 115
 3. ピック＆ロールに対するディフェンス ・・・・・・・・・・ 117
  ハッチ＆オーバーザトップディフェンス・・・・・・・・・・ 118
  ウィークサイドヘルプ・・・・・・・・・・・・・・・・・ 123
 4. ディフェンスのスペーシング ・・・・・・・・・・・・・・ 124
  2メンスペーシング ・・・・・・・・・・・・・・・・・ 125
  3メンスペーシング ・・・・・・・・・・・・・・・・・ 126
  4メンスペーシング ・・・・・・・・・・・・・・・・・ 128
  ゲーム（5メン）スペーシング ・・・・・・・・・・・・・ 129

Chapter6
第6章 ボディスタビライゼーション ・・・・・・・・・・・・・・・ 131

バスケットボール用語集・・・・・・・・・・・・・・・・・・ 147
学習年齢ダイアリー ―いつ、何を教えるか― ・・・・・・・・ 153
サンクス フォー ザ サポート・・・・・・・・・・・・・・・ 155
著 者 紹 介 ・・・・・・・・・・・・・・・・・・・・・・ 158

写真モデル ─── ベアンド・エッカート
      ペーター・チャーゲ
      大宮北高校バスケットボール部

DVD CONTENTS

●コーディネイティブ能力

【❶リアクション】
- Ⅰ　パートナー リアクション ・・・・・・・・・・・・・・・・・ clip 01
- Ⅱ　パス リアクション ドリル ・・・・・・・・・・・・・・・・ clip 02
- Ⅲ　パス オリエンテーション ドリル ・・・・・・・・・・・ clip 03
- Ⅳ　ウォール キャッチ ドリル ・・・・・・・・・・・・・・・ clip 04
- Ⅴ　スプリント リアクション ・・・・・・・・・・・・・・・・ clip 05

【❷リズム】
- Ⅰ　1-2-3リズム ドリル ・・・・・・・・・・・・・・・・・・・ clip 06
- Ⅱ　ボール ピックアップ リズム ・・・・・・・・・・・・・・ clip 07
- Ⅲ　チェンジ レイアップ リズム ・・・・・・・・・・・・・・ clip 08
- Ⅳ　2ボール &1-2ドリブル リズム ・・・・・・・・・・ clip 09
- Ⅴ　スパイダー ・・・・・・・・・・・・・・・・・・・・・・・・・ clip 10
- Ⅵ　2ボール クロッシング ・・・・・・・・・・・・・・・・・ clip 11

【❸カップリング】
- Ⅰ　2ボール カップリング ・・・・・・・・・・・・・・・・・ clip 12
- Ⅱ　ボール アラウンド ウエスト カップリング ・・・・・・ clip 13
- Ⅲ　2ボール インサイドアウト ドリブル ・・・・・・・・・ clip 14
- Ⅳ　ショット ドリブル カップリング ・・・・・・・・・・・・ clip 15
- Ⅴ　フロア ウォール ドリブル ・・・・・・・・・・・・・・・ clip 16

【❹バランス】
- Ⅰ　ナンバー ライティング ・・・・・・・・・・・・・・・・・ clip 17
- Ⅱ　タッチゲーム 1オン1 ・・・・・・・・・・・・・・・・・ clip 18
- Ⅲ　シューティング バランス ・・・・・・・・・・・・・・・ clip 19

【❺ディファレンシング】
- Ⅰ　2ボール シューティング ・・・・・・・・・・・・・・・ clip 20
- Ⅱ　パワー レイアップ ディファレンシング ・・・・・・・ clip 21
- Ⅲ　3ボール フリークエント パッシング ・・・・・・・・ clip 22

【❻オリエンテーション】
- Ⅰ　パス リバウンド オリエンテーション ・・・・・・・・ clip 23
- Ⅱ　ロール&キャッチ ・・・・・・・・・・・・・・・・・・・・・ clip 24
- Ⅲ　サークル オリエンテーション ドリル ・・・・・・・・ clip 25
- Ⅳ　ビジョン パッシング ・・・・・・・・・・・・・・・・・・・ clip 26

【❼アダプタビリティ】
- I　2ボール アダプタビリティ ・・・・・・・・・・・・・・ clip 27
- II　シャドウ ドリブル ・・・・・・・・・・・・・・・・・・ clip 28

●オフェンス ファンダメンタルズ

【❶オフェンス フットワーク】
- I　オンサイド ステップ フットワーク ・・・・・・・・・・ clip 29
- II　トラック＆トレイル ・・・・・・・・・・・・・・・・・ clip 30

【❷パス】
- I　2ライン パス ドリル ・・・・・・・・・・・・・・・・ clip 31
- II　サイド スナップ パス ・・・・・・・・・・・・・・・・ clip 32
- III　2ライン ドライブ＆キック ドリル ・・・・・・・・・・ clip 33
- IV　3メン ドライブ＆キック ドリル ・・・・・・・・・・・ clip 34
- V　サークル パッシング ・・・・・・・・・・・・・・・・ clip 35
- VI　4コーナー パッシング ・・・・・・・・・・・・・・・ clip 36
- VII　ウィング デリバリー ・・・・・・・・・・・・・・・・ clip 37
- VIII　ファスト ブレイク パッシング ドリル ・・・・・・・・ clip 38

【❸ドリブル】
- I　クロスオーバームーブ ・・・・・・・・・・・・・・・・ clip 39
- II　ドラッグ ドリブル＆スペース メーカー ・・・・・・・・ clip 40
- III　ドラッグ ドリブル ゲーム ・・・・・・・・・・・・・・ clip 41
- IV　フロート＆アタック ・・・・・・・・・・・・・・・・ clip 42
- V　フロート＆アタック ドリル ・・・・・・・・・・・・・ clip 43

【❹シュート】
- I　ワンハンド シューティング フォーム ・・・・・・・・・ clip 44
- II　オーバーハンド レイアップ ・・・・・・・・・・・・・ clip 45
- III　1ステップ レイアップ ・・・・・・・・・・・・・・・ clip 46
- IV　タッチ パス レイアップ ドリル ・・・・・・・・・・・ clip 47
- V　2ライン レイアップ ドリル ・・・・・・・・・・・・・ clip 48
- VI　ハスキー ドリル ・・・・・・・・・・・・・・・・・・ clip 49
- VII　オフ スクリーン シューティング ドリル ・・・・・・・ clip 50
- VIII　シューティングゲーム：バンプ ・・・・・・・・・・・ clip 51

【❺オフェンス スペーシング】
- I　2メン スペーシング（ハイ ロー）・・・・・・・・・・・ clip 52
- II　3メン スペーシング ・・・・・・・・・・・・・・・・ clip 53

●ディフェンス ファンダメンタルズ

【❶オンボールディフェンス】
- Ⅰ　ステップステップ ペアドリル ・・・・・・・・・・・・・ clip 54
- Ⅱ　1ライン リリース ドリル ・・・・・・・・・・・・・・・ clip 55
- Ⅲ　1オン1 クローズアウト ドリル ・・・・・・・・・・・ clip 56
- Ⅳ　1ライン クローズアウト ドリル ・・・・・・・・・・・ clip 57
- Ⅴ　スター クローズアウト ドリル ・・・・・・・・・・・・ clip 58
- Ⅵ　2オン2 コーン ドリル ・・・・・・・・・・・・・・・・ clip 59
- Ⅶ　1オン1フルコート ディフェンス ・・・・・・・・・・ clip 60
- Ⅷ　NBAプロテクション ディフェンス ・・・・・・・・・ clip 61
- Ⅸ　4オン4 ペネトレーション ディフェンス ドリル ・・・・・ clip 62

【❷リバウンド】
- Ⅰ　1オン1リバウンド＆アウトレット ・・・・・・・・・ clip 63
- Ⅱ　5メン リバウンド ドリル ・・・・・・・・・・・・・・ clip 64
- Ⅲ　2オン2 リバウンド コンペティション ・・・・・・・・・ clip 65
- Ⅳ　3オン3 リバウンド コンペティション ・・・・・・・・・ clip 66

【❸チーム ディフェンス】
- Ⅰ　ディナイ コーン ドリル ・・・・・・・・・・・・・・ clip 67
- Ⅱ　ピック＆ロール ディフェンス ・・・・・・・・・・・ clip 68
- Ⅲ　3オン3 ギブ＆ゴー カット ディフェンス ・・・・・・・ clip 69
- Ⅳ　4オン4 シェル ディフェンス ・・・・・・・・・・・・ clip 70
- Ⅴ　ポジショニング フットワーク ・・・・・・・・・・・ clip 71
- Ⅵ　2オン2＋2 ポジショニング ・・・・・・・・・・・・ clip 72
- Ⅶ　3オン3＋2 ポジショニング＆カット ディフェンス ・・・・・ clip 73

演　出	———	原 哲三
		広吉正幸
撮　影	———	松崎高久
技　術	———	小松一之
Ｖ　Ｅ	———	平田雅一
制作協力	———	all blue
デモンストレーション	———	アンドレアス・ヴォーレンツ
		サッシャ・アーンゼール
		大宮北高校バスケットボール部
協　力	———	佐藤光壱 (大宮北高校)

第1章

Chapter 1

Coordinative Abilities

コーディネイティブ能力

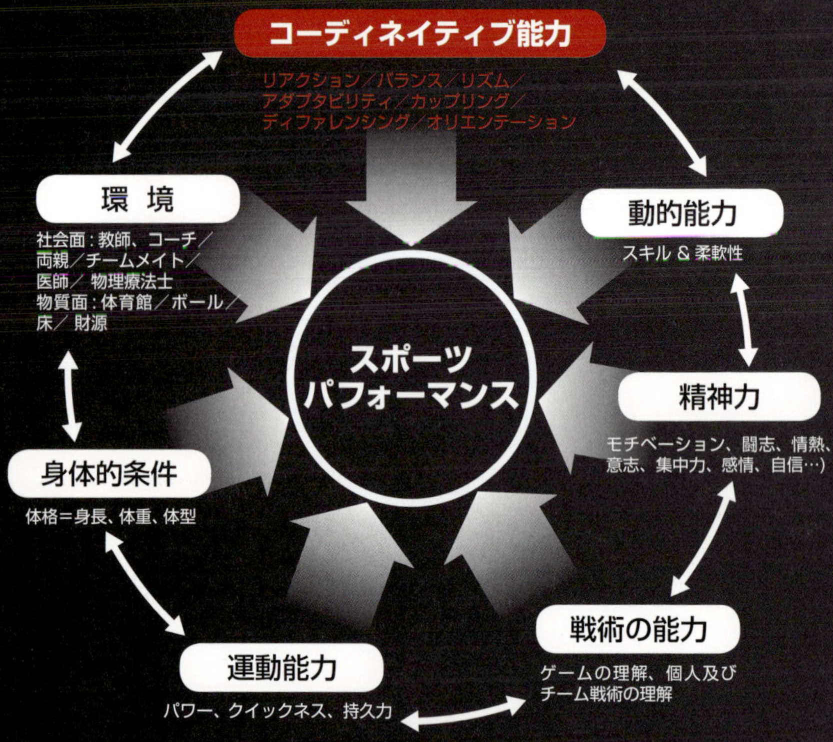

Chapter 1 >>> Coordinative Abilities

コーディネイティブ能力
リアクション／バランス／リズム／
アダプタビリティ／カップリング／
ディファレンシング／オリエンテーション

環境
社会面：教師、コーチ／
両親／チームメイト／
医師／物理療法士
物質面：体育館／ボール／
床／財源

動的能力
スキル＆柔軟性

スポーツパフォーマンス

精神力
モチベーション、闘志、情熱、
意志、集中力、感情、自信…）

身体的条件
体格＝身長、体重、体型

戦術の能力
ゲームの理解、個人及び
チーム戦術の理解

運動能力
パワー、クイックネス、持久力

Clip 01~28

　スポーツにおけるアドバンテージをもたらし、我われの日々の生活においても重要な意味を持つのがコーディネイティブ能力である。毎日の練習でコーディネイティブ能力を高めることが、プレイに自信を持つことや、けがの予防につながっていく。

　コーディネイティブ能力をひと言で言えば、身体を調整する能力のことである。例えば、日常生活における課題を考えてみよう。階段を上る、車の運転、家事……。

もし、コーディネイティブ能力が欠如していたら、すぐにけがにつながることだろう。逆にその能力を十分身につけていれば、年齢を重ねても安全に生活できることとなるだろう。それは、長く自立した生活を送るということにもつながる。

コーディネイティブ能力を発達させるためのコーディネーション・トレーニングは、1970年代にドイツ（旧東ドイツ）で始まり、現在は世界各国で重要視され、取り入れられている。

コーディネイティブ能力は7種類に分けられる。これは、当然バスケットボールにおいても、技術面やファンダメンタルを支える重要な要素である。この章ではコーディネイティブ能力の重要性を学び、これらの能力をなぜ鍛えるべきなのか、そしてどのように鍛えるべきかを解説していく。

Coordinative Abilities >>>>
スポーツにおけるコーディネイティブ能力の重要性

❶スポーツ特有のけがの予防

多くのけがはコーディネイティブ能力の低いことが原因と考えることができる。いくつかの例を紹介しよう。
▶バランス能力の欠如により、転んでしまう。
▶遅いリアクション（反射能力）により、相手と衝突してしまう。
▶オリエンテーション（定位能力・空間認知能力）の欠如により、ジャンプ後、誰かの足の上に着地してしまう。
▶アダプタビリティ（変化に対応する能力）がないことにより、相手と衝突してしまう。

❷スポーツにおける高いパフォーマンスを得る

よいコーディネイティブ能力は運動神経系の高い学習能力を促す。簡単に言うならば、よりよいコーディネーションが、より早く、さまざまな動きや動きに関連する複雑な処理能力を身につけさせるということである。すなわち、より高いレベルのコーディネイティブ能力は、アスリートのパフォーマンスを発展させ、また、安定させていく。

コーチは、コーディネーション練習が楽しさや練習の盛り上がりをもたらすことを忘れてはいけない。練習は常に楽しいことばかりではなく、ときに平凡になり、つまらなくなる。平凡な練習は選手にとっては痛みや苦しみでしかなくなってしまう。いっぽう、楽しさは、選手のやる気や充実したエネルギーを取り戻すこととなる。

コーディネーショントレーニングは、以下のようなことを目的として行なわれる。
① スキルの習得能力の（より早くそしてより正確な）育成。
② プレイヤーとしての充実期（成人）において、そのスキル獲得能力（すばやく、正確に、新たな技術を獲得する能力）の基盤を築くことができる。
③ よい判断能力（競い合いにおいて最も成功するための正しいプレイを正しいタイミングで行なうこと）をサポートする。
④ 若くて才能のある選手（運動感覚のよいアスリート）を発見することができる。

Coordinative Abilities >>>>
コーディネーショントレーニングの諸条件

❶プレイヤーにとって、いつでも挑戦的要素があること

　エクササイズや各ドリルは簡単にできるようであってはならない。プレイヤーがそのエクササイズをスムーズにこなせるようになったとき、コーディネイティブ能力の発展はわずかとなる。覚えておいてほしいのは、コーディネイティブ能力育成のための各エクササイズは、それぞれを完璧にマスターすることが目的ではないということある。したがって、コーディネイティブ能力は漸進的な挑戦的要素や課題（実施者にとって難しい課題を扱い、それを完璧にマスターしていない状況が続くこと）を設定することによって、発展させることが目的である。

❷バリエーションを豊富にしていくこととその手順

　練習ごとに異なるドリルを用いたり、エクササイズや対戦形式の方法などを異なる条件にしていったりすることで、練習そのものがプレイヤーにとって、より興味深く面白いものになる。しかし、それより大切なことは、異なる諸条件によるバリエーションが、コーディネイティブ能力をより高いレベルへと発展させるということである。

要求レベルを上げていく手順
▶動きの種類にバリエーションを持たせる。
▶それぞれの条件にバリエーションを持たせる。
▶与える情報の種類にバリエーションを持たせる。
▶複数のドリルを組み合わせる。
▶練習を行なう選手に時間やフィジカル面のプレッシャーを与える。
▶プレイヤーに次から次へと異なった課題をつけ加えていく。

❸オーバーポテンシャルズを作り出す

　オーバーポテンシャルズ（潜在能力を引き出すこと）とは、コーディネーショントレーニングにおいて、非常の重要である。オーバーポテンシャルズには何が求められるのか？　それは、調整力的要求が実際のゲームよりもより高いレベルになっているということである。

　例を挙げると、A選手は、制限時間を決められ（時間的プレッシャー）、体を回転（360度）させながらも、正確な技術（オーバーハンド）によって、レイアップショットを決める。このような状況で練習を重ねておくことで、実際のゲームでレイアップショットを決めることは簡単になる。このように、コーディネーショントレーニングにおいてオーバーポテンシャルズの状況を設定することにより、実際のゲームにおいて安定したプレイを実現することができるのである。

❹アスリートの能力を引き上げるためのコーディネイティブ能力の育成

　アスリートのコーディネイティブ能力の学習期は、すでに既存の機能が身についている状態よりも、何も影響を受けていない状態のほうが、よりその機能によい働き（影響）を与えることができることがわかっている。それは、コーディネーショントレーニングを早い時期に開始することが重要であることを意味している。

　アスリートが9歳から12歳の時期に、コーディネーショントレーニングを集中的に行えば、生涯において「コーディネイティブ・アドバンテージ（優位性）」を得ることができるであろう。人は一生の中で、この年代を除いて、大きなコーディネイティブ能力の進展を望める時期はないと言われている。したがって、この年代は「ゴールデン・ラーニングエイジ（運動技能最適学習期）」と呼ばれている。

　すなわち、小学生あるいは中学生年代の選手の競技人生においてコーチの存在は最も重要であるといえる。

❺コーディネーションと技術練習との関係

　コーディネーショントレーニングの目標は、そのスポーツに求められるコーディネイティブ能力によって変わってくる。バスケットボールは、高いコーディネイティブ能力が要求されるゲームである。したがって、コーディネイティブ能力を通常の技術練習から切り離して考えることはできない。コーディネーショントレーニングを技術練習の一部として用いたディネーション練習として位置づけるとよい（言い換えるならば、バスケットボール的コーディネーショントレーニングである）。

【技術とコーディネーショントレーニングの関係】

❻種々の競い合い(ゲーム的要素)を取り入れた手法

　種々の競い合い(ゲーム的要素)を取り入れたコーディネーショントレーニングでは、プレイヤーは得られた情報を、認識して対応する能力が求められる。すなわち、すばやく情報を集め、中枢神経系を経由して判断を下し、行動を決定していかなければならない。

　バスケットボールは競い合いながら判断を繰り返すスポーツ(ゲーム)である。この競い合い(ゲーム的要素を含む)練習の数々は、悪い判断(による失敗体験)をよい判断(による成功体験)へと導く手助けになっている。これらはコーチが通常のエクササイズやドリルでは鍛えることのできない特殊な能力を育ててくれる。

　しかし、その反面、競い合いの数々は多くのプレッシャーをともなう。このプレッシャーが高すぎると、技術やコーディネイティブ能力の向上は望めない。したがって、コーチは種々の競い合い練習の実施にあたり、必要に応じてそのプレッシャーの強弱をコントロールする手法をよく理解していなければならない。

Coordinative Abilities >>>>
7種のコーディネイティブ能力

コーディネイティブ能力は7種類に分けられる。以下、バスケットボールのゲームにおいて必要とされる場面を例にあげ、7種の能力について説明しよう。

1. リアクション(反射能力)

バスケットボールは、アクションとリアクション(反応・対応)のゲームとも言われている。プレイヤーはあらゆる状況に、タイミングよく反応しなければならない。例えば、ディナイディフェンスしながら、パスをインターセプトする、予想できていないボールをキャッチする、あるいは1対1のディフェンスで、相手の方向転換に対応する、などである。

> **注意** ゲームにおいて与えられる情報は、視覚的なものがほとんどである。したがって、リアクションを練習する際には視覚的な合図が使われるべきである。

【2種類のリアクション】
①一種類の合図に対するリアクション:プレイヤーは合図に対して、単純に反応する。
(例えば、コーチの手が動いた後、5mスプリントする)

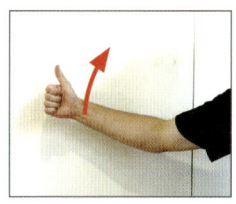
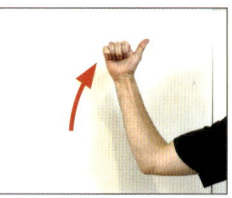

コーチは一種類の合図を出す
(手を上に動かす)

②複数の合図に対するリアクション:プレイヤーは合図に反応すると同時に、判断もする。
(例えば、合図の手が下がれば5mスプリント前進し、合図の手が上がれば5m後ろ向きで走る、などである)

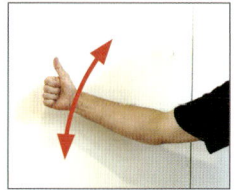
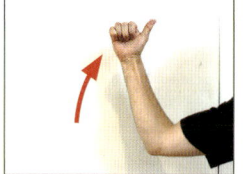
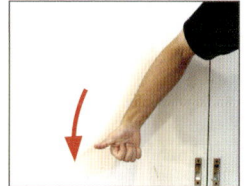

コーチは複数の合図を出す(手を上下に動かす)

2. バランス (バランス能力)

　バランスはすべての動作の基盤になっている。バランスの悪いアスリートは、効率よく動くことはできない。バスケットボールには、獲得すべき多くの難しい技術的な課題があり、それを克服するためにも、バランス能力はきわめて重要なのである。

例：スピードドリブル後のジャンプストップにおいて、バランスが崩れているとトラベリングになる。リバウンド時におけるボックスアウトにおいて、バランスが崩れていると、相手をコントロールできずに、リバウンドボールをとることができなくなる。

3. リズム (リズム感)

　かつて、スポーツ科学者たちはリズム感というものが、音楽に関わるスポーツにのみ重要であり、バスケットボールのようなゲームスポーツにおいては重要ではないと語っていた。しかし、この考え方はすでに古いものとなっている。バスケットボールは、よりスピードあふれるゲーム展開を繰り広げ、技術的要求も幅広く、新しいテクニックがここ数年でどんどん出現してきている。いまや、バスケットボールにおけるリズム感は、バスケットボール選手が身につけておかなければならない大変重要な感覚なのである。

例：1対1の状況におけるドリブルでは、リズム感がないとペネトレーションのチャンスが生まれない。方向転換（カット：切れ込む動き）において、リズム感がないと、ゆっくりの動きになり効果がない。

4. アダプタビリティ（適合・適応能力）

　アダプタビリティは言い換えるなら、リアレンジメント（再組織・再編成）である。ゲームの最中に状況の変化を認識し、同時に、その動きを（または動きのプランを）最適な状態へと変える能力である。アダプタビリティが備わってれば、プレイヤーは新しい状況や場面に対して、うまく適合することができる。

　バスケットボールは常に状況が変化するゲームであるとも言われている。したがってアダプタビリティは、ターンオーバーやショットミス、あるいはファウルなどのトラブルを回避するためにも、非常に必要とされる能力であるといえる。

例：オフェンスプレイヤーがゴールに向かってペネトレートしたときに、ディフェンダーがその正面のポジションに入ってきた場合、アダプタビリティが欠けていると、オフェンスファウルまたはトラベリングを起こしてしまう。よいアダプタビリティがあれば、とっさに相手を、よけたりノーマークのプレイヤーに瞬時にパスを出すことができるであろう（ドライブ＆キックプレイ）。

5. カップリング（連結・結合能力）

　カップリングは、複数の動きやテクニックを結合させる能力のことをいう。この能力はバスケットボールのゲームにおいて、ほぼすべてのテクニックに必要とされる。なぜなら、バスケットボールにおいて単純な一つの動きだけによるテクニックは存在しないからである。すべてのテクニックは、身体の異なる部位の異なる動きの結合から成り立っているからである。

例：オンボールディフェンス（1人目・一線目のディフェンス）では、足と手の動きを結合させて行なわなければならない。ドリブルの動きでは足の動きとともに、ボールハンドリングを結合させなければならない。

6. ディファレンシング（識別能力・相違に対応する能力）

　ディファレンシングとは、プレイヤーがボールをねらった所に当てなければならないときに、とくに必要とされる能力である。ある一点をねらってボールを投げる場合、シュートであろうが、パスであろうが、そのターゲットまでの距離と、どれほどの力が必要かを正確に識別しなければならない。そして、バスケットボールにおいてはこのような場面が数多くある。例えば、シュートを決める、チームメイトの出すターゲットハンドにパスをする、などである。

　このことは、レイアップショットをミスすることが単なる技術的問題にとどまらないことを意味する。ディファレンシングの欠如による可能性もあるのだ。また、弱いパスがターンオーバーを引き起こすが、それはプレイヤーが強いパスを生むために十分な力を出し切らないことによるミス、つまりディファレンシングの欠如の可能性がある。

7. オリエンテーション（定位能力・空間認知能力）

　バスケットボールのゲームはとてもせまいコート上で、非常に早い展開が繰り広げられる。そのため、オリエンテーションがプレイヤーにとって大変重要になる。プレイヤーは常に自分がコート上のどの位置にいるのか、自分のチームメイトや相手チームのディフェンス、ゴール、コートのラインがどこに位置するかを正確に認識できなければならない。もしオリエンテーションが欠如しているならば、そのプレイヤーはチームメイトと協調してプレイしたり、ディフェンスからのプレッシャーをはねのけたりすることもできず、コート上で正しい動きをすることもできないであろう。

例：オリエンテーションの欠如は、次のようなミスを引き起こし、ターンオーバーの原因となる。
▶ディフェンスからのプレッシャーによりラインを越えてしまい、アウトオブバウンズを引き起こす。
▶3秒オーバータイムをとられてしまう。
▶バックパス等のバイオレーションを引き起こす。

第2章

Chapter 2

Individual Fundamentals Offense

個人オフェンスの基本技術

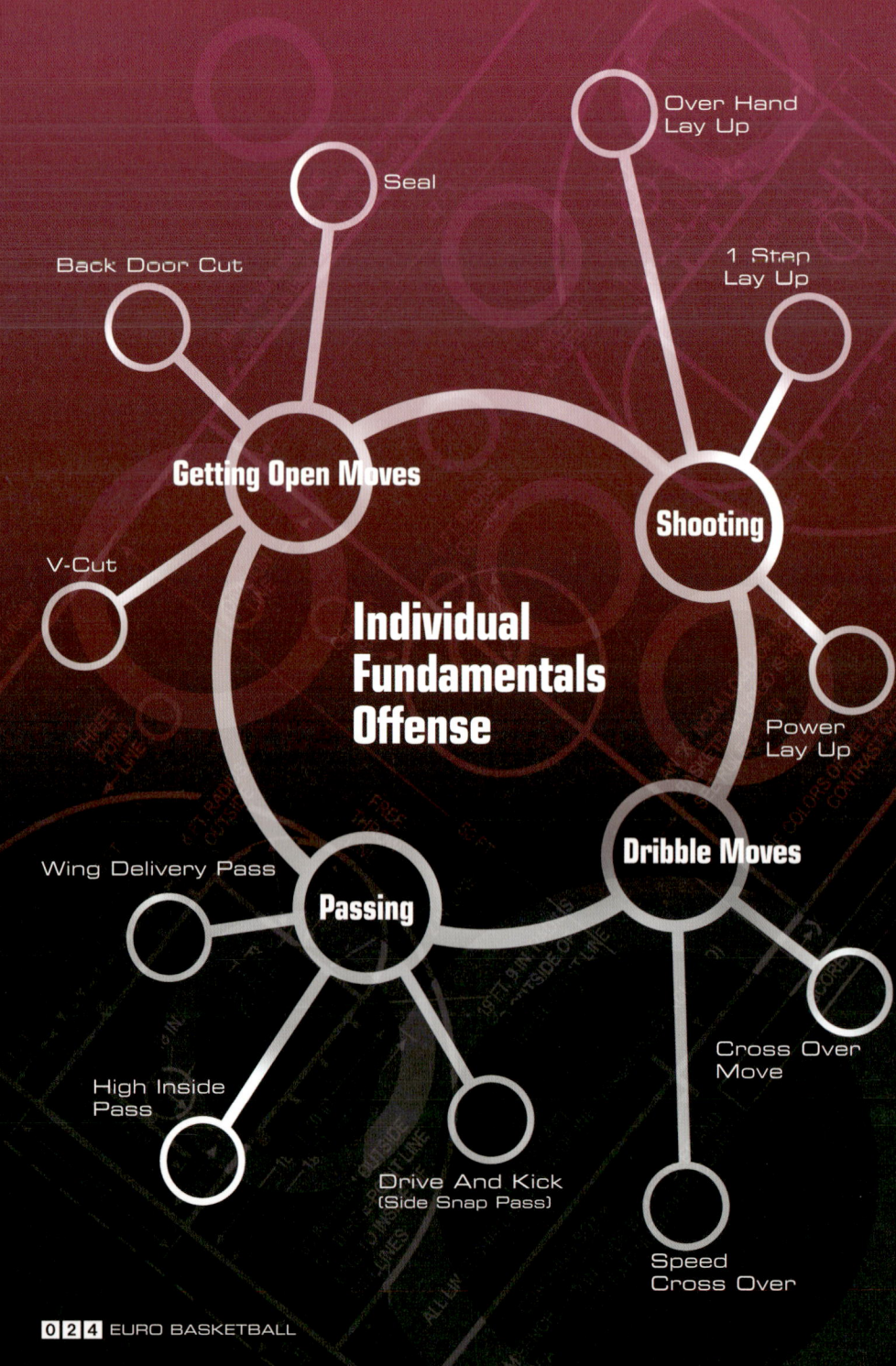

GETTING OPEN MOVES
オープンになる動き

すべてのプレイヤーが知っておくべき、オープン（ノーマーク）になる方法には2つの要素がある。

❶ ディフェンダーが自分より高い位置で守っていたら、より高い位置へと引き上げ、低い位置へとカットする（切れ込む）。

❷ ディフェンダーが低い位置で守っていたら、より低い位置へと押し込み、高い位置へカットする。

その2つの原則に加えて、

❸ いつでも自分のシューティングレンジでボールを受け、いつでも攻撃可能なポジションをとる。

以上の3項目を常に心がければよい。

これらの要素はとてもシンプルである。しかし、多くのプレイヤーが実際のゲームにおいて、タイミングよくオープンになることができずに困っているのが現状だろう。

GETTING OPEN MOVES >>>> V-Cut
Vカット

Vカットはよく知られている動きだ。しかし、コーチによってその指導法にはたくさんのバリエーションがある。

オープンになるためには、スピードについてよく考え、方向転換をするときには、最も速いテクニックを選択すべきである。

Vカットとは、ボールを受けるとき、ディフェンダーとのコンタクトをしないで方向転換する動きのことである。では速いVカットとは何か。それは3ステップムーブだ。すばやい3つのステップを踏むことと、足を動かし続けることが大切である。これにより、ターンにおいて完全に動きが静止してしまう瞬間がなくなる。言い換えれば、立ち止まった状態から再び加速する必要がないということ。加速は足を動かし続けることによってより簡単になる。

もう一つ重要なのは、ベストスピードの状態で動くことだ。それはリズムと言い換えてもいい。正確な、すばやい足の1・2・3ステップこそが、プレイヤーの動きをすばやくさせるのだ。このスキルはコーディネイティブ能力の"リズム"にも深く関連する。

1. ディフェンダーを低い位置へ下げる（1歩目）

Teaching Point

▶ディフェンダーがついてくることができるように、フルスピードでは動かない。
▶最初のステップは内側（ボールに近いほう）の足で踏む。

2. ピボットステップして方向転換（2歩目）

Teaching Point

▶2歩目は外側（ボールから遠いほう）の足で踏む。
▶重心は両足の間に置く。

3 オープンステップ(3歩目)

Teaching Point

▶2歩目で出した足でピボットし(かかとを上げる)、ボールから遠いほうの足で3歩目のステップを踏む。
▶ピボットした足で押し出す(拇指球で押す)。
▶反対側の腕を振り、ターゲットハンドを見せながらアウトサイドへ動く。

4 ボールミート

Vカットの最終段階では、ボールが来る方向に対して少しまわり込むことが大切である。プレイヤーはボールを受けてトリプルスレットポジション(シュート、パス、ドリブルのいずれのプレイもすばやくできる体勢)をとる。

Teaching Point

▶ボールにミートし(ボールが来る方向に動いて受け取る)、ゴール方向へとピボットする。
▶トリプルスレットポジションをとる。

GETTING OPEN MOVES >>>> **Back Door Cut**

バックドアカット

バックドアカットとは、ディフェンスがストロングディナイポジション（パッシングレーンをオーバー気味に守った状態）のときに使用するカットプレイである。

オフェンスプレイヤー（オフェンダー）は自分をマークするディフェンダーをより高い位置へとおびき寄せ（少なくとも3ポイントラインより1歩離れた場所）、その後、バスケットの方向へとカットする（バックドア）。

バックドアカットのフットワークはVカットフットワーク（リズミカルな3ステップを踏むこと）と同じである。

1 ディフェンダーを高い位置へとおびき寄せる（1歩目）

Teaching Point

▶ディフェンダーがあとをついてことができるように、フルスピードでは動かない。
▶最初のステップを内側（ボールに近いほう）の足で踏む。

2 ピボットステップから方向転換（2歩目）

Teaching Point

▶体の重心は両足の間におく。
▶2歩目は外側（ボールから遠いほう）の足を踏み出し、その足でピボットをする。

3 オープンステップ（3歩目）

Teaching Point

▶バスケットの方向へカットするときは内側の手をターゲットハンドにして3歩目のステップを踏み出す。
▶ピボットした足で押し出す（かかとを上げる）。

Point 01 方向転換のときの外側の足

Teaching Point

▶外側の足のかかとを上げて、押し出すようにするのがポイント。

膝を落とす
ダッシュする方向へピボット

Point 02 ステップ前の軽いジャンプ

すばやい1・2・3リズムを踏むひとつのヒントとして、プレイヤーは最初のステップを踏む前に小さくジャンプするとよい。それは自分の体に対して、「これからステップを踏むぞ！」という合図にもなっている、多くのプレイヤーはこの小さなジャンプによってリズムをつかむことができるだろう。

GETTING OPEN MOVES >>>> Seal
シール

　シールは上級レベルの技術である。これは、ディフェンダーの動きがすばやい場合、または、小さいプレイヤーが大きいプレイヤーに対抗する場合に、自分がオープンになるために使うとよいとされているテクニックだ。さらにシールのテクニックを使うことで、よりゴールに近い場所でボールを受ける機会を得ることもできるのである。

　前述のVカットによって、プレイヤーはスリーポイントライン上でボールを受けることができる。しかし、シールのテクニックを使えば、ゴール下のよいポジションでボールを受けることが可能となるのである。

1 | ディフェンダーを低い位置に下げる（1歩目）

Teaching Point

▶歩きながら、ブロック（ペイントエリアの区画線上にあるマーク）までディフェンダーを下げる。
▶内側の足（ボールに近いほうの足）で、ディフェンダーの内側の足の横（内側）にステップする。

2 | 長いリバースステップ（2歩目）

Teaching Point

▶後ろ足で長いリバースステップを踏み、体を反転させ、フットアドバンテージ（自分の足の位置を相手より有利な位置におくこと）をとり、ディフェンスの足の動きを封じる。
▶肘を90度に曲げたまま、ピボットする。

3 バランスステップ（3歩目）

長いピボットを踏んだ直後、プレイヤーはバランスを崩してしまいがちだ。したがって、ピボット後、外側の足（軸足にした足）を少し前にステップすることで、低く正しい姿勢を保つようにする。

Teaching Point

▶外側の足（軸足にした足）を前に出す。
▶ディフェンダーの足に腰を下ろす。
▶ターゲットハンドを出す。
▶上腕をディフェンダーの胸にあてがう。

2 PASSING
パス

「よいディフェンスでも、ボールを動かすことによって崩すことができる」と言われている。そして、ボールを動かすための最も速い方法がパスである。

ここでは、その中で重要と思われる3種類のテクニックを説明する。

一つは、インサイドへのパス（＝オーバーヘッドスナップパス）。もう一つは、オフェンスのエントリーの扉を開くパス（＝ウイングデリバリー）。そして、ドライブ後のパス（＝サイドスナップパス）である。

PASSING >>>> High Inside Pass (Over Head Snap Pass)
ハイインサイドパス
（オーバーヘッドスナップパス）

オーバーヘッドスナップパスとは、ポストプレイヤーもしくはゴールに対してカッティングしてきたプレイヤーに対する、最も速いインサイドへのパスのことをいう。このインサイドへのパスは、ディフェンス側にとって最も危険なパスである。なぜならば、このパスは多くの場合、レイアップや高い成功率のシュートを導き出すからである。

インサイドへのパスでは、パッサーとレシーバーに与えられる時間は一瞬であり、スペースも限られていて、大きなプレッシャーがかかる。したがって、すばやくしかも正確にパスがわたらなければならない。

パスの準備が、パスの技術以上に重要である。一般的な原則として、パッサーは低くフェイク（バウンズパスフェイク）をかけ、高い位置（オーバーヘッド）からパスするべきである。

1 パスフェイク(パスの準備)

Teaching Point

▶ジャブステップ(ピボットの足を動かさないまま、もう一方の足でフェイントのために小さく踏む足)は、ベースラインへ。
▶オフアーム(ボールを支えるほうの手)はボールとディフェンダーの間におく。
▶ボールを動かす(バウンズパスフェイク)。
▶視線を床に落とす。

2 ボールを持ち上げる(ボールを守る)

Teaching Point

▶オフアームをボールとディフェンダーの間におく。
▶パスする手の手首は立てて、ボールの真後ろに構える。
▶姿勢を低くする。膝を伸ばしてはならない。

3 "パッシングウィンドウ"を通す

"パッシングウィンドウ"とは、ディフェンダーの頭の横と頭上のエリアのこと。このエリアはディフェンダーにとって、手が届かず、ボールをインターセプトしにくい部分である。パッサーはこのことを理解し、いつでもこのパッシングウィンドウからダイレクトパス(レシーバーへの一直線の強いパス)をするべきである。

Teaching Point

▶パッシングウィンドウからパスを通す。
▶手首を使ってボールにスナップをかけて投げる。
▶低い姿勢を保ち続ける。

パッシングウィンドウからパスを通す

PASSING >>>> Wing Delivery Pass
ウィングデリバリーパス

Clip 37

　ウィングデリバリーパス、つまりポイントガードからウィングプレイヤーへのパスは、以下のように多くの意味において大変重要である。
❶オフェンスエントリー：通常、チームのオフェンスのプレイはウィングプレイヤーへのパスからスタートする。
❷ターンオーバー：ほとんどのターンオーバーはウィングプレイヤーへの悪いパスによって引き起こされる。
❸ボールムーブメント：ボールを動かすことによって、よいディフェンスを崩すことができる。よいボールムーブメントは、ウィングプレイヤーへのタイミングよいパスにより始まる。
　パスのテクニックのほかに、フットワークやドリブルのリズムが大変重要である。プレイヤーは皆、タイミングのよい、すばやいパスをしたいと考えているはずだ。

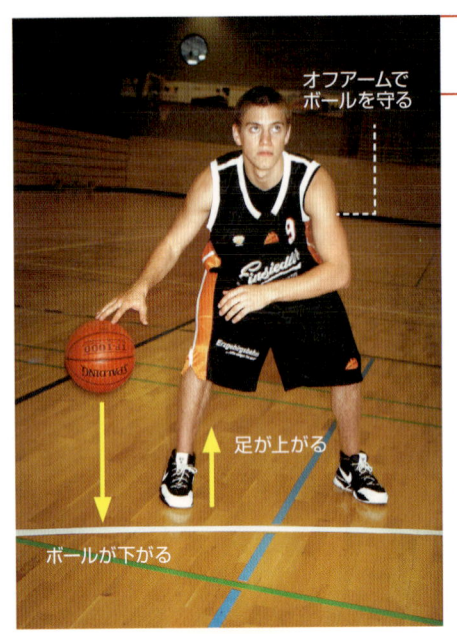

アドバンスドリブル

【スタンス】

両足は肩幅よりやや広めに構える。リーディングフット(前に出ている足)のつま先、膝、肩が垂直方向に一直線に並ぶようにする。オフアームは前に構え、ボールを保護する。

【フットワークとリズム】

両足を完全に床から持ち上げてしまうことなく、ステップを踏む。ボールとリーディングフットの関係は"フット・ボール"のリズムで、つまりボールとリーディングフットが違うタイミングで床につくようにする。

"フット・ボール"のリズムはクイックパスを出すために必要なリズムだ。互い違いのリズムにより、リーディングステップを踏むときにボールはすでに手のひらの元にあるので、オフアームを添えるだけでボールをキャッチできる。したがって、通常、ボールをキャッチしてからパスをするためには1テンポおかなければならないが、その時間を半分に短縮することができるのである。

【ハンドワーク】

"フット・ボール"のリズムでドリブルしているときの上体の動きは最小限度にとどめる。インサイドアウトドリブルではリーディングフットの横にボールをつく(膝の高さ)。オフアームは前に構え、ボールを保護する。

2 ボールピックアップ

プレイヤーはリーディングフットが床を離れた瞬間にボールをキャッチし、足が着く瞬間にパスをする。そして、再び床に足が着く。このことによってドリブル0.5回分の時間的節約がなされ、クイックで、しかも正確なパスができる。

Teaching Point

▶キャッチするときはオフアームの手を添える。
▶足を床に降ろしていくタイミングでボールをパスする。
▶パスするとき、強いスナップをかける。
▶次の動き(カット)に備えて、パスしたあとも姿勢を低く構える。

次のステップとともにパスをする

3 スナップパス

手首のスナップを使う

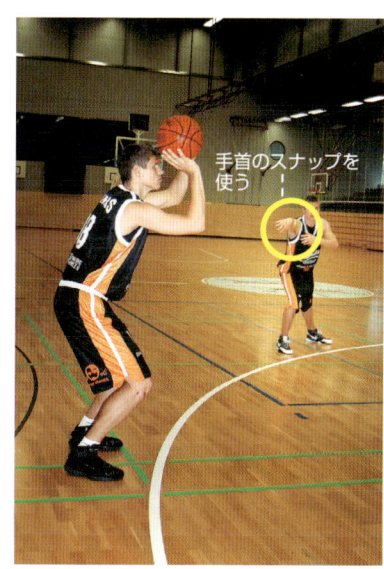

PASSING >>>> Drive And Kick (Side Snap Pass)
ドライブ&キック
（サイドスナップパス）

Clip 32〜34

　サイドスナップパスはゴールへ向かってドライブしたあとに、最もすばやくアウトサイドへとパスできる可能性を持っている。

【実戦での使用場面】
　最もよくある場面は、ボール保持者が1対1でディフェンダーを抜き去ってゴールへと向かっているときである。ヘルプディフェンスがきて、味方プレイヤーがアウトサイドでオープンになる。そこで、ペネトレートしたプレイヤーがボールをアウトサイドのオープンになったプレイヤーへとパスする。これら一連の動きを"ドライブ&キック"と呼んでいる。

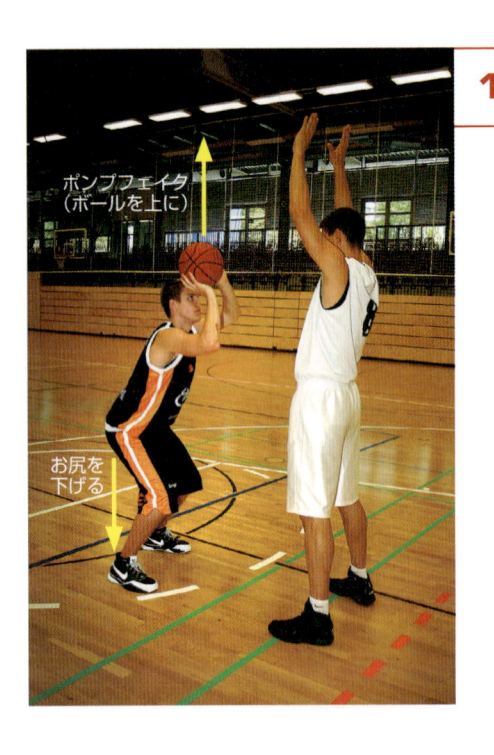

1 クイックストップとポンプフェイク

　ボールをパスする前にプレイヤーはクイックストップをし、ヘルプディフェンダーの腕を上に上げさせるために、ポンプフェイク（ショットフェイク）を行なう。

Teaching Point
▶クイックストップと同時に自動的にポンプフェイクをする。
▶足幅は肩幅よりやや広めに開く。
▶姿勢を低く保った状態でリングを見る。

（ポンプフェイク（ボールを上に））
（お尻を下げる）

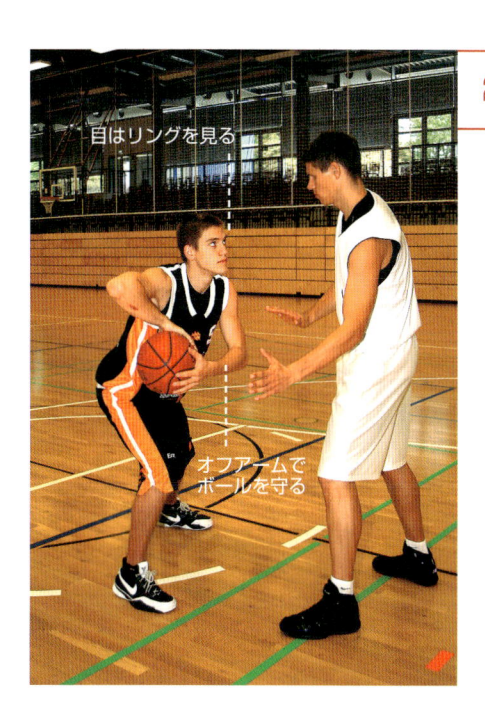

2 サイドステップ(ボールの保護)

Teaching Point

▶オフアームをボールとディフェンダーの間におく。
▶手首を外側へと曲げる。
▶パスと同時にサイドステップを踏む。
▶パスする相手を見ないこと。視線はバスケットに向ける。
▶ボールは常に体に近づけたままでパスすること。

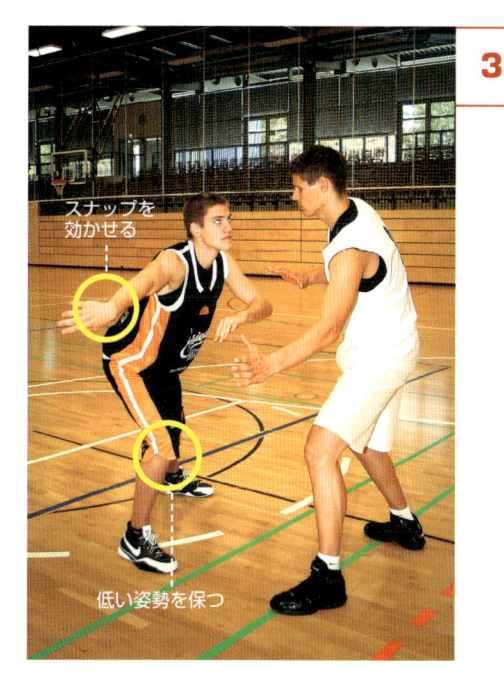

目はリングを見る
オフアームでボールを守る

3 サイドスナップパス

Teaching Point

▶スナップを効かせてボールをパスする。
▶パスする際、姿勢を常に低くする。

スナップを効かせる
低い姿勢を保つ

3 DRIBBLE MOVES
ドリブル

　ここでは、二種類のクロスオーバームーブについて説明する。これらのドリブルは、シンプルだがとても効果的なテクニックである。
　ヨーロッパで言われているルールの一つに"シンプルなプレイを複雑にしてはいけない"というものがある。すなわち、派手なドリブルプレイをあれこれと身につけるよりも、基本のシンプルなプレイを正しく身につけ、正しく使いこなせるようにすることが大切なのである。

DRIBBLE MOVES >>>> Speed Cross Over
スピードクロスオーバー

【ゲームでの使用例】
　スピードクロスオーバーはファストブレイクにおいて、スピードにのった状態で相手を抜き去るために使われる。
　スピードクロスオーバーは、2ステップの動きである。1歩目がアタックステップ。これは、ディフェンダーにフェイクをしかけ、ディフェンダーを片側へと寄せることによって、反対側サイドへと抜き去ることができるようにするためのステップである。このステップは通常、外側の足によって行なわれ、ディフェンダーをサイドライン側へと寄せ、ミドル側へとすり抜けて抜き去る。

1 アタックステップ(1歩目)

Teaching Point

▶ボールを体の前面につき、手首はボールの後ろ側にシフトする。
▶進行方向のラインからあまりにも遠くにステップしすぎて、バランスを失うことがないようにする。
▶ステップを踏むと同時に肩をフェイクした側へと開き、視線をサイドライン側へと落とす。

2 ペネトレーションステップ(2歩目)

Teaching Point

▶外側の足でしっかりと蹴り出し、反対側の足で1歩目を長く踏み出す。
▶肘を反対側の膝の前まで持ってくる(両肩は自動的に低く下がる)。
▶ボールを片側から反対側へとシフトチェンジする。このとき手首を内側へとひねる。そして、ボールを前(ディフェンダーの横側)へと押し出す。
▶シフトチェンジのあと、反対側の手でスピードドリブルを続ける。

DRIBBLE MOVES >>>> Cross Over Move
クロスオーバームーブ

Clip 39

【ゲームでの使用例】

クロスオーバームーブは、ハーフコートの1対1の状況で、ぴったりとタイトに守るディフェンダーを抜き去るときに使う。この動きの正確なフットワークを指導する際、ドリブルの"フット・ボール"のリズム（36ページ参照）は大変重要である。また、クロスオーバーステップは3ステップの動きである。"アタックステップ"、"オープンステップ"、"ペネトレーションステップ"の3ステップをしっかりと身につけたい。

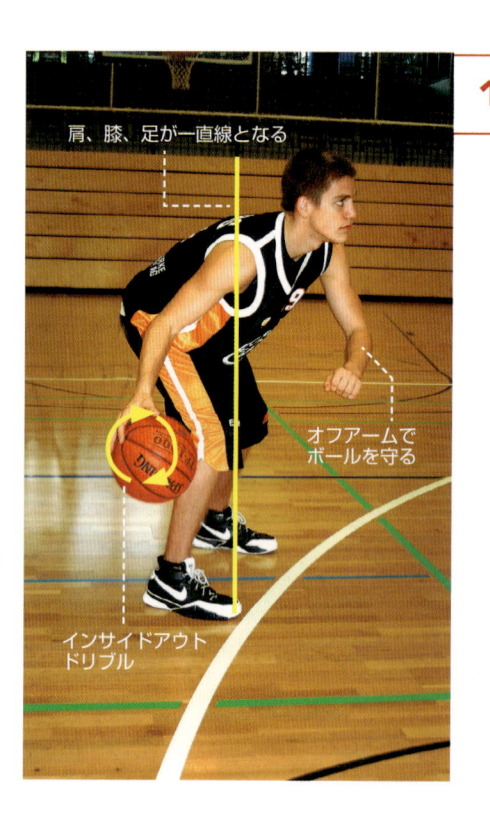

1 アドバンスドリブル

肩、膝、足が一直線となる
オフアームでボールを守る
インサイドアウトドリブル

Teaching Point

リーディングフットの足と膝、そして同じ側の肩の三点が垂直方向の一直線に並ぶようにする。
▶反対側の足も、軽くステップを踏み続けること。
▶上半身の動きは最低限度に留める。
▶ドリブルするボールの高さは最高でも腰の位置までとする。しかも、手首の動きは"インサイドアウトモーション"で（円を描くように）動かす。
▶リーディングフットとボールは同じタイミングで床につかない。"フット・ボール"の互い違いのリズムを作る。
▶オフアームはボールをカバーする。

Chapter 2 >>>> Individual Fundamentals Offense

EURO BASKETBALL

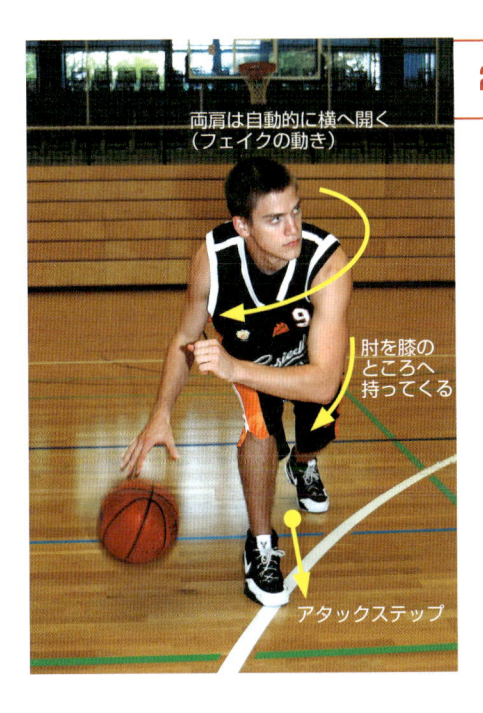

2 アタックステップ

"アタックステップ" は、相手ディフェンダーを片側へと寄せるためのフェイクをかけるステップであり、プレイヤーはそれにより寄せた反対側を抜くことができる。

Teaching Point

▶小さいオンサイドステップ（ドリブルと同じ側の足をステップすること）を踏み、オフアーム（ドリブルと反対側の手）の肘をステップした膝に持ってくることによって、肩が自動的に外側へと開く。それがフェイクとなる。
▶手首はしっかり立てて、必ずボールの後ろ側に構える（手首がボールの下にまわってはならない！）。
▶視線を床に落とす（フェイクをさらにリアルに見せる）。

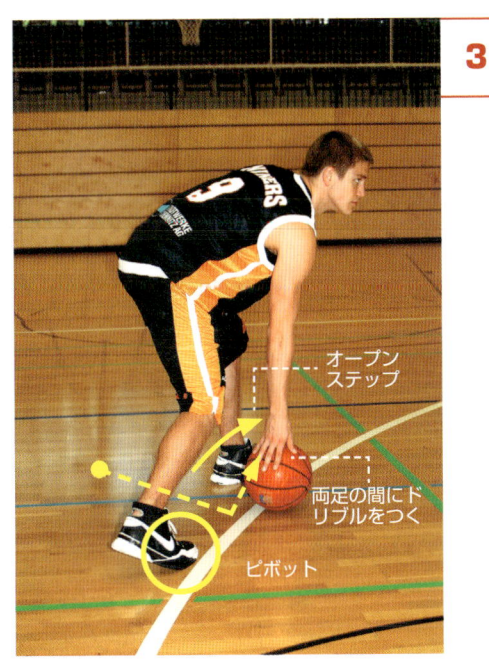

(画像内注記: 両肩は自動的に横へ開く（フェイクの動き）／肘を膝のところへ持ってくる／アタックステップ)

3 オープンステップ

Teaching Point

▶アタックステップを踏んだ足のかかとを上げて方向転換のピボットする。
▶アタックステップの反対足をドリブル進行方向へと向けて"オープンステップ"を踏む。このときに、両膝より低い位置で両足の間にドリブルのボールをつく。
▶幅の小さいステップを踏む。
▶上体はボールをカバーする。

(画像内注記: オープンステップ／両足の間にドリブルをつく／ピボット)

EURO BASKETBALL 043

長いドリブル

ペネトレーションステップ

4 ペネトレーションステップ

Teaching Point

▶オープンステップを踏んだ足でしっかり床を蹴り出し、反対側の足で長いステップを踏み出す。
▶手首を立てて、ボールの後ろに置き、長いドリブルをつく。ボールは前に出した足の前につくようにする。
▶オフアームの肘を前に出した膝の前に持ってくる。肩の位置をディフェンダーの腰の高さへと落とし、低い姿勢で抜く。

4 SHOOTING
シュート

　レイアップショットを教える指導法には、日本とヨーロッパでは大きな違いがある。アンダーハンドレイアップは日本において、レイアップショットの技術として広く使われている。だが、ヨーロッパではまず初めにオーバーハンドレイアップを教わり、ゲームにおいても多く使われている。

　ヨーロッパにおいてオーバーハンドレイアップを最初に教えるのには明確な理由がある。セットショットと同じテクニックを使うことができるから、初心者がレイアップを学ぶにあたり、二つの異なる技術を学習する必要がないのである。その他にも、オーバーハンドレイアップはボールを保護するという意味でも利点がある。さらには、スティールやブロックをしにくいという点も見逃せない長所である。

SHOOTING >>>> Over Hand Lay Up
オーバーハンドレイアップ
Clip 45

　オーバーハンドレイアップには、上記の他に2つの重要な指導ポイントがある。

【リズム】
　通常の2歩のステップは、最初の1歩目を長く、そして2歩目は短く踏む。ただしそれにはいくつかの例外があり、それぞれのゲームでの場面によって使い分ける必要がある。すばやく打つために、2歩とも短いステップを踏むことがある。また、ディフェンダーをやりすごし、より移動距離を稼ぐために、2歩目のステップをあえて長くすることもできる。いずれにせよ、それぞれ違いのあるフットワーク技術は通常のレイアップショットをしっかりと身につけたあとに教えられるべきである。

【レイアップジャンプ】
　レイアップにおいて、高い位置でボールをリリースしようとするとき、スピードドリブルによって走って得たエネルギーを、ジャンプするエネルギーへと変換させることが大切になる。そのために、2歩目の短いステップ後、膝を胸の高さへと引き上げる動作をするとよい。このテクニックは走り高跳びで使われるジャンプ技術と同じである。走り高跳びの選手も同様に、最後の短いステップ後、その膝を上に引き上げることで、ジャンプに必要な最大限のエネルギーを得ている。

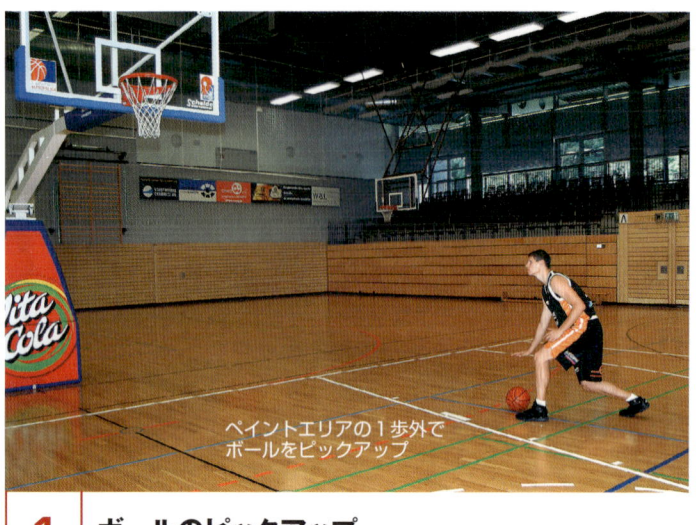

1 ボールのピックアップ

ペイントエリアの1歩外で
ボールをピックアップ

通常のレイアップにおける最後のドリブルは、内側の足を着くのと同時にボールをつく（右側からのレイアップ時は左足、左側からのレイアップ時は右足）。

2 1歩目は長いステップ

大きく1歩

ボールを守る
ボールは外側に保つ

Teaching Point

▶ボールをピックアップしたら、長いステップを踏む。
▶ボールをシューティングサイド（外側）に持ってくる。
▶オフアームの肘でボールを守る。
▶ボールを持ち上げる際、左右に振らず片側だけで動かす。

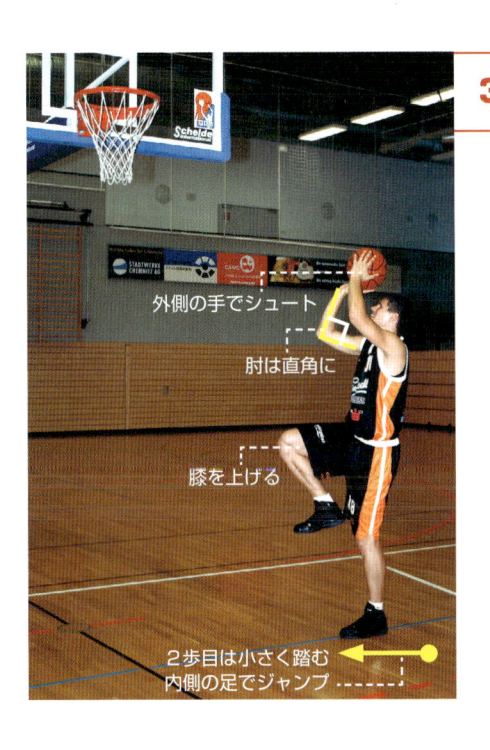

3 | 2歩目は短いステップ

Teaching Point

- ▶2歩目は短くステップを踏む。
- ▶膝を胸へと引き上げる。
- ▶ボールはシューティングポジションに。
- ▶ジャンプしながらボールをリリース。
- ▶ねらいはターゲットボックスの上の部分のシューティングサイドの角。ソフトに当てる。
- ▶内側の足でジャンプし、外側の手で打つ。
- ▶ボールはジャンプの最高到達点またはその直前までに手から離れるべきである。

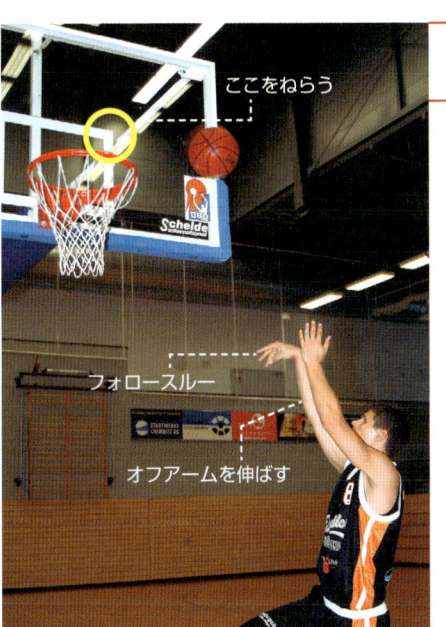

(写真ラベル)
- 外側の手でシュート
- 肘は直角に
- 膝を上げる
- 2歩目は小さく踏む
- 内側の足でジャンプ

4 | リリース

(写真ラベル)
- ここをねらう
- フォロースルー
- オフアームを伸ばす

注意

遅いボールリリース（ジャンプ下降時でのシュート）は特別なテクニックであり、ディフェンスがブロックショットするために早くジャンプしたような場合には安全なシュートといえる。しかしこのテクニックはとても上級レベルであるので、初心者は使うべきではないだろう。

SHOOTING >>>> 1 Step Lay Up
1ステップレイアップ

Clip 46

1ステップレイアップは、すばやいレイアップをしたいときの上級テクニックである。

【ゲーム場面での使い方】

一般的に1ステップレイアップは、背の低いプレイヤーが大きいプレイヤーに向かっていこうとするときに使われる。そういう場合、1ステップレイアップはディフェンダーにとって、2歩のレイアップよりもリズムを合わせにくいので、大変ブロックしにくいのである。

そのほかによくある場面は、ベースラインペネトレーションをしたときに、やや遅れてヘルプサイドのディフェンダーがヘルプにきたときである。プレイヤーは1ステップだけ踏み、早めのショットを行ない、ディフェンダーが十分なポジションをとる前にシュートを完了させる。

1 ボールのピックアップ

これは1ステップレイアップの最も難しい部分である。1ステップレイアップでは、内側の足でジャンプし外側の手でシュートしたい。なぜならばそれが体の構造上、もっとも安定した動きであるからだ。したがって、このリズムは通常の2ステップリズムとは違い、リズムを身につけるのが難しい。

Teaching Point

▶最後のドリブルは外側の足と同時につく。

ペイントエリアに入る前にボールをピックアップ

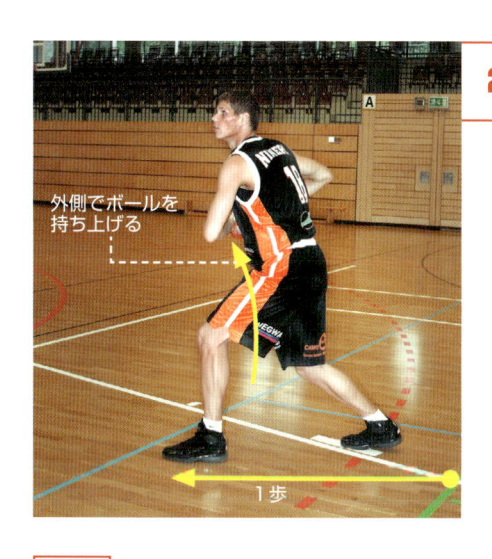

2 ステップ

Teaching Point

▶小さいステップを踏み、ボールをピックアップする。
▶ボールをシューティングサイドに持ってくる。
▶オフアーム（の肘）でボールを守る。
▶ボールをすばやく引き上げ、ボールとともに動く。

外側でボールを持ち上げる

1歩

3 シューティングポジションからすばやいリリース

Teaching Point

▶ボールを力強く振り上げシューティングポジションを瞬時に作る。
▶膝を胸へと引き上げる。
▶上へと跳び上がりながら早めにボールをリリースする。
▶ボールをドロップオフする（放り投げるように押し出す）。

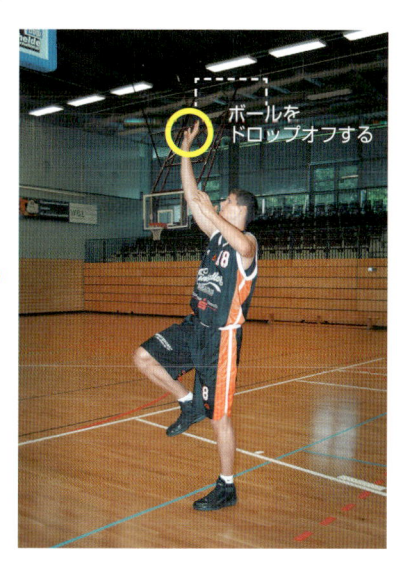

外側の手でシュート
内側の足でジャンプ
ボールをドロップオフする

SHOOTING >>>> Power Lay Up
パワーレイアップ

　パワーレイアップは最も安定感のある、つまりバランスがとれているレイアップテクニックである。"パワー"という言葉は"両足でジャンプする"ことを意味しており、シューターがゴールへとジャンプする際に、両足を十分に使っているということである。

　それによって、シューターは安定したバランスを保ちながら得点を決めることができるのである。しかしパワーレイアップは、レイアップのなかでも最もスピードのない方法であり、特別な状況の場合でのみ使用される。

【ゲームでの使用場面】
❶ローポストムーブ（トップサイドへのフェイク後のベースラインドライブ）。
❷ハイポストムーブ（クロスオーバーステップからのドライブ）。
❸大きいプレイヤーが小さいプレイヤーを攻撃する際、自分の身体的に有利な部分を利用して使う。
❹ファストブレイクの場面。プレイヤーがストップしショットフェイクをしかけ、ディフェンダーが目の前でジャンプした際、それをやりすごしながらボールをゴールへと押し込む。

1　パワードリブル

　ゴールの近くで、その場所から1回の（パワー）ドリブルでパワーレイアップができる位置にいる。

Teaching Point
▶リングに向かってドロップステップを踏む（リーディングフットを後ろに引く）。
▶両足の間に両手でパワードリブルをする。
▶頭は両膝の上に位置させる（バランスを保つ）。

両手で両脚の間にパワードリブルをつく

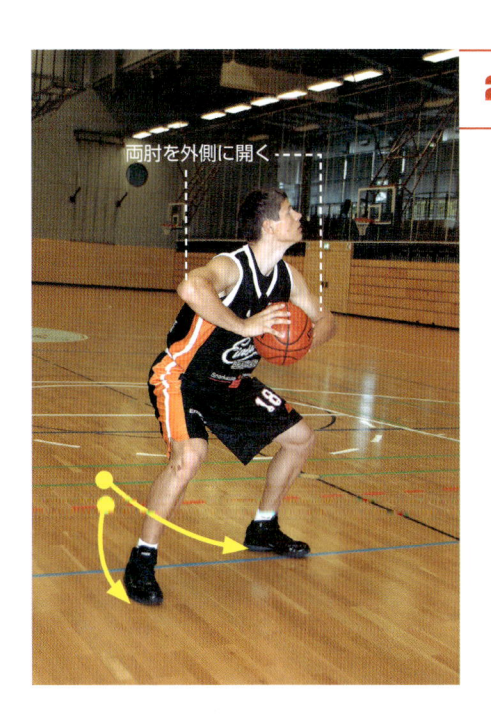

2 ボールピックアップ

パワードリブル後、プレイヤーはリングへとジャンプし、インサイドでのよいポジションをとる。

Teaching Point

▶ リング方向へとジャンプする。
▶ 両肩はバックボードと平行にする。
▶ 肘を外側に張る―ボールを強く持つ。
▶ リングを見て、ディフェンダーの位置を確認する。

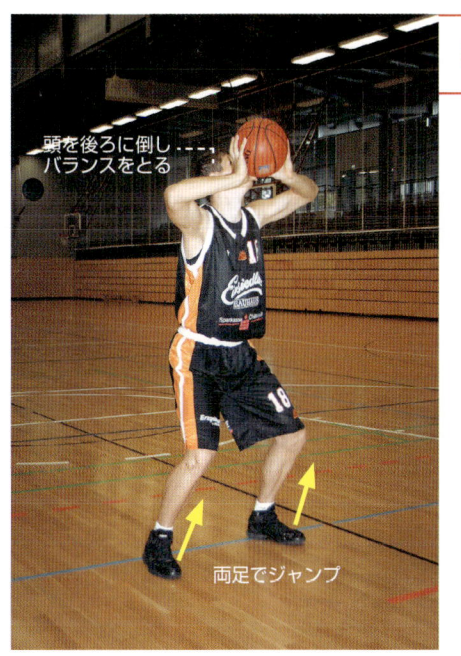

（両肘を外側に開く）

3 シューティングポジション

Teaching Point

▶ ボールを上に持ち上げる際に、肘を外側に張り出す。
▶ 両肩はバックボードと平行に保つ。
▶ 頭を後ろに倒しバランスを保つ。

（頭を後ろに倒しバランスをとる／両足でジャンプ）

4 パワーショット

Teaching Point

▶シュートする際、腕を耳に当てるように持ち上げる。ジャンプショットのテクニックとは異なる動きである！
▶オーバーハンドでシュートする。
▶的にしっかり当てる（バックボードのターゲットボックスの上の角部分）。
▶ボールを守るために、オフアームを上へと伸ばす。

ここをねらう

オフアームを伸ばす

バックボードと肩のラインを平行に

第3章

Chapter 3

Team Fundamentals Offense

チームオフェンスの基本戦術

Team Fundamentals Offense

Spacing
- 2 Men Ball Side Spacing
- 3 Men Ball Side Spacing
- Weak Side Spacing
- Game Spacing (5 Men Spacing)

2 Men Game (Pick Plays)
- Pick And Roll
- Pick And Slip
- Pick And Pop

1 OFFENSE SPACING
オフェンスのスペーシング

　バスケットボールは「ミスからなるゲーム」とも言われている。したがって、チームの目標はミスを最小限度に抑えることである。なぜなら、チームとしてよりミスを少なく抑えたチームがゲームに勝利するからである。

　オフェンス側からバスケットボールを見てみると、スペーシングのプレイにおける主な役割はターンオーバーの数を少なくするということである。驚くべきことに、相手ディフェンスのプレッシャーに起因するターンオーバーの数はごく少ない。ゲーム中に起こるほとんどのターンオーバーは、ファンダメンタルのまずさと味方チームのプレイヤーどうしによる悪いスペーシング（悪いポジショニング）に起因するのである！　オフェンスにおいてよいスペーシングが保てると、ゲームはプレイヤーたちにとってよりシンプルなものになる。

　よいスペーシングの結果、オフェンス側にとってプレッシャーは少なくなるし、より多くの選択肢とよい判断が作り出せるようになる。プレイヤーがスペーシングのコンセプトをよく理解することは、すなわち、オフェンスのプレイの仕方を理解することにつながるだろう。以上のことから、スペーシングはオフェンスのシステムを学ぶ前に、まず最初にプレイヤーが学ばなければならないことといえる。

OFFENSE SPACING >>>> 2Men Spacing
2メンスペーシングの原則

　ほとんどのプレイの最終局面は2人のかかわり（キャッチとシュート）によって終了する。したがって、スペーシングのコンセプトとして、まず最初に、2メンスペーシングのルールを築き上げることから始め、プレイヤーはそれを確実に理解しなければならない。次項の図において、重要な2メンスペーシングのルールを説明する。

ボールサイドのスペーシングルール［ウイングとローポスト］

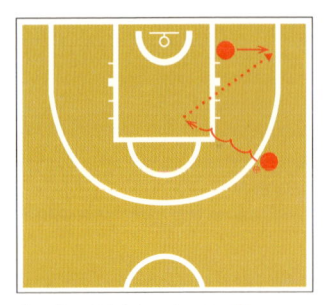

ルール：ペネトレーションイン
　　　→スペーシングアウト

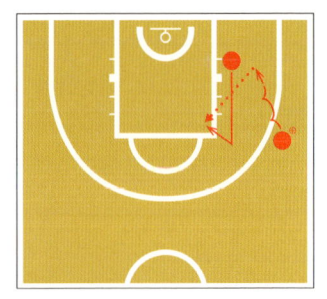

ルール：ペネトレーションダウン
　　　→スペーシングアップ

ボールサイドのスペーシングルール［トップとウイング］

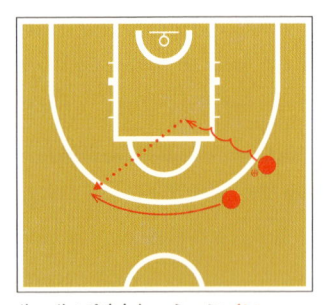

ルール：ペネトレーションイン
　　　→フレアーカット

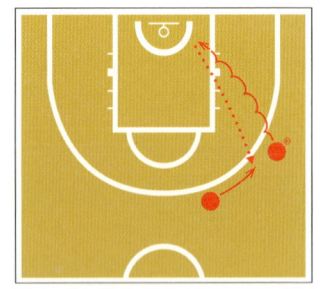

ルール：ペネトレーションダウン
　　　→リリースパス

ウィークサイドのスペーシングルール［ウイングとローポスト］

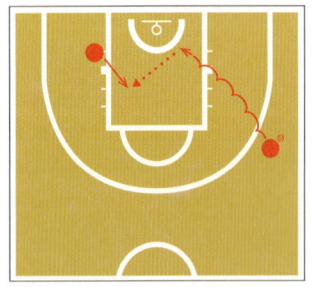

ルール：ペネトレーションダウン
　　　→スペーシングアップ

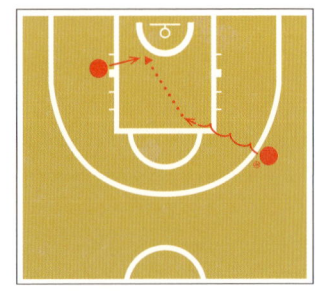

ルール：ペネトレーションイン
　　　→バックドアカット

OFFENSE SPACING >>>> **Spacing Footwork**

スペーシングのフットワーク

プレイヤーが正しいスペーシングにより動くとき、どんなタイミングでもボールをキャッチできる準備をしていなければならない。したがって、プレイヤーは移動中でもボールをしっかり見続けることと、レディハンド（パッサーへターゲットを見せながら両手を構え、キャッチの準備をした状態）を出していなければならない。そしてパスが出されたときは、正確なシューティングフットワークでボールミートしなければならない。

リバースピボットとレディハンド

最初の動きはリバースピボットから。

Teaching Point

▶目はボールに（いつでもボールを見る）。
▶レディハンドの状態で長いリバースピボットをする。
▶ピボットをする間中、姿勢を低くする。

スペーシングのための
クロスステップ

　どのタイミングでもボールをキャッチできるためには、優れたシューティングフットワークが必要である。プレイヤーは（長いピボットのあと）短いクロスステップを踏み、動き続ける。

Teaching Point

▶短いクロスステップ。
▶ボールがパスされるまで、離れながら動き続ける。

短いクロスステップ

スペーシングのための
クロスステップ

　パスが出されたら、プレイヤーはボールにミートしなければならない。そして、素早いキャッチと素早いシュートをする。

Teaching Point

▶フロントターンでボールにミートする。
▶キャッチするまで姿勢を低く保つ。

親指は内側
肘を外に開く
パスが出されたらボールミートする

OFFENSE SPACING >>>> **Ball Side2 Men Spacing**
ボールサイドの2メンスペーシング

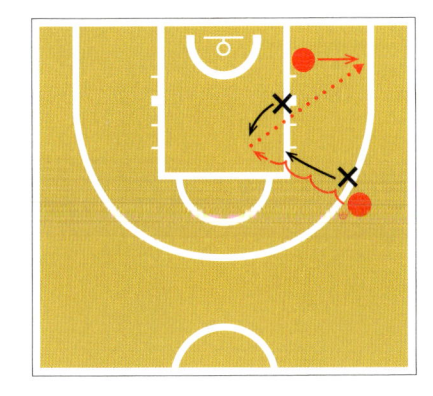

Clip 52

1 ミドルドライブ

高いウィングポジションでは、ゲームにおいて最も多くのドライブが行なわれる。ベースラインに位置するプレイヤーは多くがポストプレイヤーであるが、例えば、トップのプレイヤーがボールサイドカットしてきた際にも、このスペーシングのルールは適用される。

【スペーシングルール】

ペネトレーションがミドル側へと行なわれたら、ボールサイド側の低い位置にいるプレイヤーは外側へ広がる(ペイントエリアから離れる)。

【パスの技術】

サイドスナップ。

1 ペネトレート

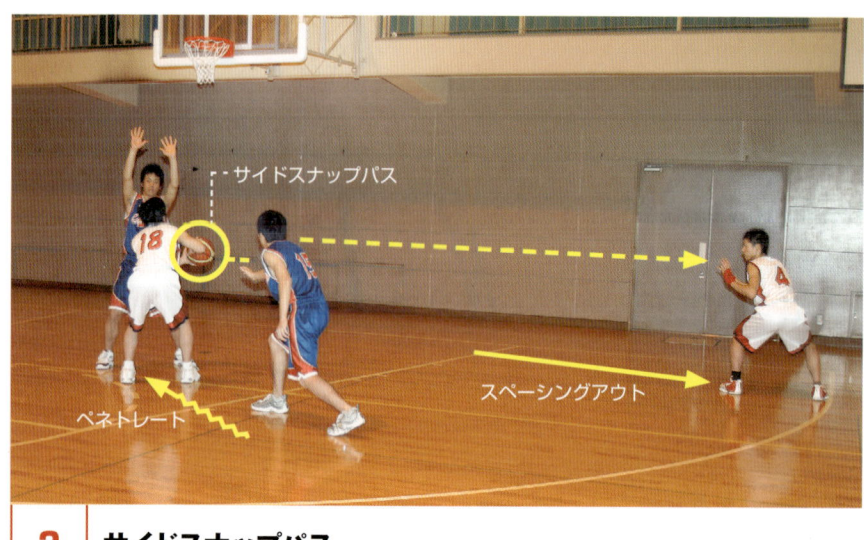

- サイドスナップパス
- スペーシングアウト
- ペネトレート

2 サイドスナップパス

Teaching Point

▶ パッサーはクイックストップ時にポンプフェイクを行ない、ヘルプディフェンダーの手を上にあげさせる。

Point

ゴールを向いてターゲットを視野に入れパスを出す

2 ベースラインドライブ

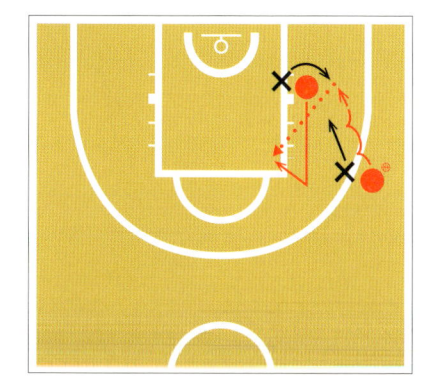

【スペーシングルール】

ベースラインへのペネトレーションが始まったら、ボールサイドの低い位置にいるプレイヤーは高い位置へと移動する。ボールサイドのエルボーへ上がり、ペイントエリア内へ進みボールミートする。

高い位置へ　　　低い位置へ

1 ペネトレート

2 サイドスナップパス

Teaching Point

▶ボールを保持していないプレイヤーはリバースピボットをし、ペイントエリアへは踏み込まない。
▶短いクロスステップを踏み、ボールサイドのエルボーへと移動する。

OFFENSE SPACING >>>> **Weak Side Spacing**

ウィークサイドスペーシング

1 ベースラインドライブ

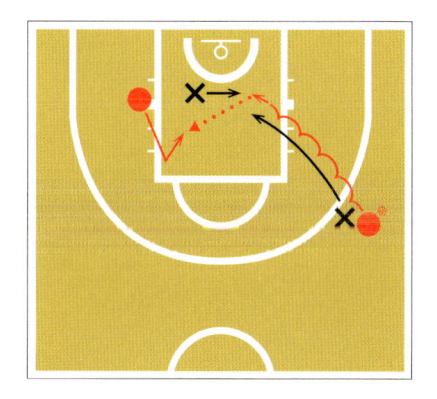

多くのチームがペネトレーションに対してウィークサイドからのヘルプディフェンスで対応してくる。したがって、ウィークサイドのプレイヤーがドライブに対して動くことが、よいチームスペーシングの鍵となる。

【スペーシングルール】

ベースラインへのペネトレーションが行なわれた場合、ウィークサイド側の低い位置にいるプレイヤーは高い位置(ウィークサイドのエルボー側)へと移動する。

用語

バスケットとバスケットを結ぶラインでコートを二分したときに、ボールのあるほうを"ボールサイド"、ボールのないほうを"ウィークサイド"という("ヘルプサイド"ということもある)。

1 ペネトレート

ペネトレートしてくる味方の動きを読む
高い位置へ
低い位置へ

2 サイドスナップパス

Teaching Point

▶ボールを保持していないプレイヤーは、ボール側の肩を反対の肩より低く構え、移動する。
▶パスが出されたら、すばやくボールにミートする。

2 ミドルドライブ

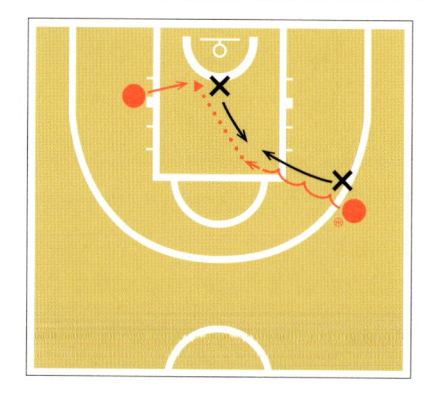

【スペーシングルール】

ミドル側へのペネトレーションが行なわれた場合、ウィークサイド側の低い位置のプレイヤーはバックドアカットをする。

Teaching Point

▶ローポストのポジションにいる場合、最初の2歩を外側へステップし、その後バックドアカットを行なう。
▶高いターゲットハンドを出す。
▶可能ならば、ターゲットにパスを出す。ただし、バウンズパスはいつでも2番目の選択肢とする。

1 ペネトレート

バックドアカット
ミドルへ

2 サイドプッシュパス

インサイドヘルプ

OFFENSE SPACING >>>> 3 Men Spacing

3メンスペーシング

3メンスペーシングでは、2メンスペーシングの配置にプラスして、トップにプレイヤーを置く。

1 ミドルラインドライブ

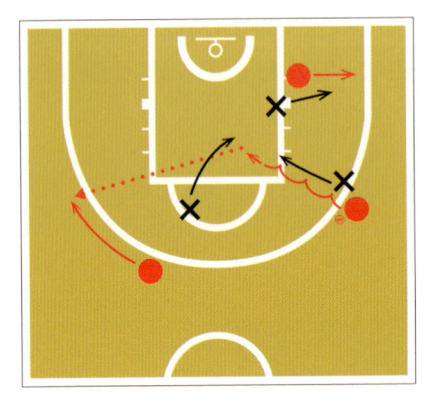

【トップのプレイヤーのスペーシングルール】

　ミドル側にペネトレーションが行なわれた場合、フレアーカットをする(ボールから離れるように動く)。

　多くのプレイヤーがよく犯してしまう失敗は、ドライブに対してボールミートする(寄っていってしまう)動きである。トップのプレイヤーは、ドライブするプレイヤーがピックのセットを要求してくるか、または手渡しパスを要求することがない限り、決して寄っていってはならない。ドライブしている味方にミートしていくと、寄っていったプレイヤーのマークマンがボールに近づき、ドリブルをスティールしてしまうからである。

【パスの技術】

　パッサーは、オープンになった場合はコーナーへのサイドスナップパス、あるいはフレアーカットへのシンプルなスナップパスをする。

1 ペネトレート

外へ
ミドルへ
フレアーカット

2 パスアウト

オープンとなっている味方を見つける

Teaching Point

▶逆サイドのプレイヤーはシュートが打たれたら、オフェンスリバウンドにとびこむ。

2 ベースラインドライブ

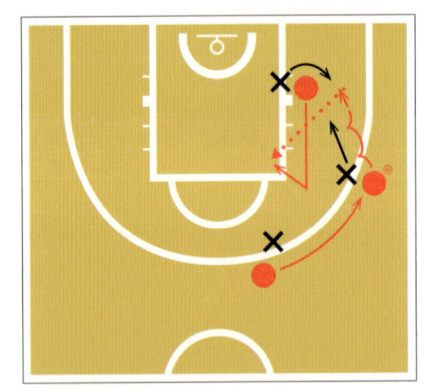

【トップのプレイヤーのスペーシングルール】

ベースライン側へのペネトレーションが行なわれた場合、空いたスポットを埋める。ペネトレートしたプレイヤーがノーマークのオープンプレイヤーを見つけられない場合、またはトラップにかかった場合に、リリースパスを受ける準備をする。

【パスの技術】

オーバーヘッドパス

高い位置へ

低い位置へ

リリースパスを受ける

1 ペネトレート

[オープンとなっている味方を見つける]

[ボールミートする]

[ボールミートする]

2 パスアウト

Teaching Point

▶パッサーはストップし、リバースピボットする（ディフェンダーから離れる）。
▶頭の前にボールを持っていき、肘を外側へ張り、ボールを守る

Point

[リバースピボットし、リリースパスを送る]

OFFENSE SPACING >>>> **Game Spacing**
ゲームスペーシング

Clip 53

1　4メンスペーシング

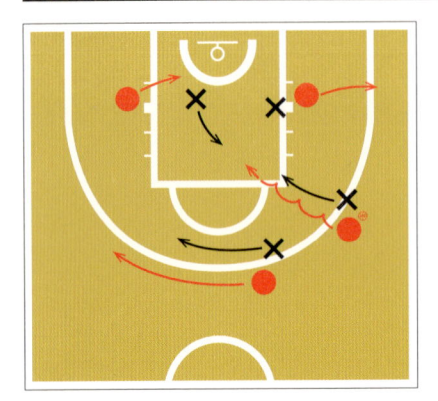

実戦の状況により近づけた段階のスペーシングが4メンスペーシングである。今まで学んだすべてのスペーシングルールが適用される。

写真はミドルドライブの場合の動きである。

ベースラインドライブの場合は、ボールサイドのローポストプレイヤーはアップ（エルボーへ）、ウィークサイドのローポストプレイヤーもアップ（エルボーへ）し、トップのプレイヤーはリリースパスを受ける。

バックドアカット

フレアーカット

外へ

ミドルへ

2 ゲーム（5メン）スペーシング

ボールの位置から一番遠いプレイヤー（逆サイドのウィングポジションのプレイヤー）は、空いているスポットを埋めるように動く。

バックドアカット
フレアーカット
オープンスペースを探す
ミドルへ
外へ

1 ペネトレート

オープンになっている味方を見つける

2 パスアウト

2 MEN GAME（PICK PLAYS）
2メンゲーム（ピックプレイ）

　ピック＆ロールはバスケットにおいて最も効果的な2メンゲームである。このプレイはいつでもオフェンス側に有利な状況をもたらす。正確にピック＆ロールを行なうことができれば、必ず数的優位の状況をつくることができる。ピック＆ロールはさまざまな方法で使われるが、そのほとんどが2人だけアイソレーション（離れた場所でセットした）の状態で、オフェンスの開始プレイとして用いられている。

　ここではピック＆ロールのバリエーションも紹介する。それは、ピック＆スリップとピック＆ポップである。スリップとポップは、スクリーナーが味方にピックをセットしたあとの動きのバリエーションである。これらのバリエーションのどれをいつ使用するかについては、プレイヤーの能力や、ゲームにおけるオフェンスとディフェンスの状況によって変わる。

2 MEN GAME >>>> Pick And Roll
ピック＆ロール

【ピック＆ロール時の課題】
❶オンボールのディフェンスに対してスクリーンをしっかりかけ、2対1の状態を作る。
❷ゴールに向かって攻撃すること（ペネトレーションやロールを行なう）。

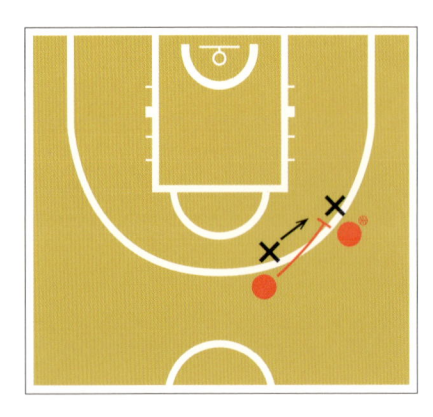

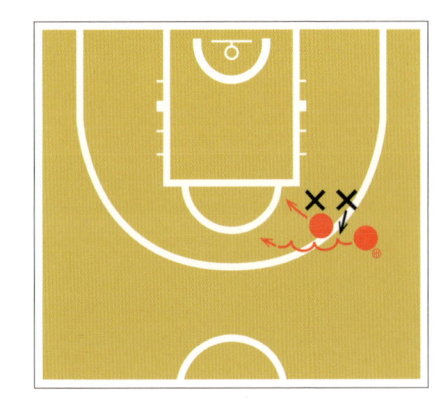

1 トリプルスレットポジション

(写真内注記)
動きはじめにこぶしを見せピックに行くことを知らせる
トリプルスレットポジション

Teaching Point

【ボールマン】
▶ボールマンはトリプルスレットポジションをとる。
▶ディフェンダーを低い位置へ反応させる(ベースラインアタックのフェイクをする)。
▶スクリーナーを見ない。

【スクリーナー】
▶スクリーナーはこぶしを見せて、チームメートへピックに行くことを知らせる。

2 スクリーンのセット

(写真内注記)
腕半分の間合
抜くと見せかける

Teaching Point

【ボールマン】
▶ボールマンはスクリーナーと逆方向へジャブステップを踏み、フェイクをかける(ベースラインへとディフェンダーを動かす)。
▶かかとを上げてすばやくピボットする。

【スクリーナー】
▶スクリーナーはディフェンダーから腕半分の間合いでスクリーンをセットする。
▶腕を体につける(腕で押してはいけない)。
▶バランスを保つ(肩幅よりやや広めに足を広げる)。

注意
オフェンスファウルを避けることは重要である。スクリーンをセットしたら、ディフェンスが動いたとしてもそれ以降動いてはいけない。つまり、スクリーナーはディフェンダーに対して直接的にピックすることはできないのである。ボールマンが、自分をマークするディフェンダーをスクリーンに確実にぶつけるようにしなければならない!

肩を腰の高さに

3 アタック（スクリーンを使う）

Teaching Point

[ボールマン]
▶ボールマンはクロスステップをミドル側へステップし、ピボットした足で押し出す。
▶肩をスクリーナーの腰の位置へと下げる。
▶ディフェンスの動きを読む。もしディフェンダーがスクリーナーに貼りついたり、後ろにまわるようなことがあれば、長いドリブルでミドル側へと攻撃する。
▶もしディフェンダーがステップアウトした（ショーまたはヘッジとも言う）場合には、1回フローティングドリブルを行ない、パスをするかスプリット（2人のディフェンダーの間を切り裂く）していく。

[スクリーナー]
▶スクリーナーは、ディフェンダーがスクリーナーに向かってぶつかってくる場合、体の重心を前へ移し、バランスを保つようにする。
▶最初のドリブルがつかれたあとにロールを開始するが、その際に、ディフェンダーのコンタクトを1秒以上キープし続ける（よいスペースを生み出すため）。

注意

よくあるスクリーンの留意点として「肩を肩に」というが、ボールを保持するオフェンダーが長いクロスステップで抜こうという場面では、肩をスクリーナーの腰の高さに合わせるようにする。

(写真内ラベル:)
- ペネトレート
- ロール
- ターゲットハンド
- スペースができる

4　2対1（ペネトレートとロール）

Teaching Point

［ボールマン］
▶ボールマンは、ヘルプがいない場合は、ゴールへドライブする
▶ウィークサイドまたはスクリーナーのディフェンスがヘルプに来た場合は、クイックストップ後、シューティングポジションになり、ボールを味方へとパスする。

［スクリーナー］
▶スクリーナーは、長いリバースピボットする。
▶目はボールから離さず、視野に入れ続ける。
▶パッサーへターゲットハンドを見せる。
▶ピボットした直後、短時間ディフェンダーにシールする（貼りつく）。

2 MEN GAME >>>> Pick And Pop
ピック&ポップ

　ピック&ポップは通常、スクリーナーがよいシューターである場合に使われる。スクリーナーがスクリーンのセット後、ロールしなかった場合、(ドライブ方向と逆に)ポップアウトし(飛び出し)、アウトサイドショットを打つためにボールを受ける準備をする。ピック&ポップはハッチディフェンス(ショウ&リカバー。P.118参照)に対して、よく効くオフェンスである。

【ピック&ロール時の課題】
❶ドライブしやすくするために、ディフェンダーにきちんとスクリーンをかける。
❷すばやくポップアウトし、アウトサイドショットに備える。

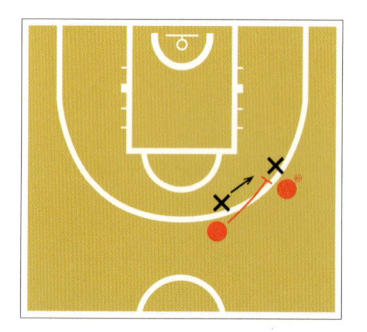

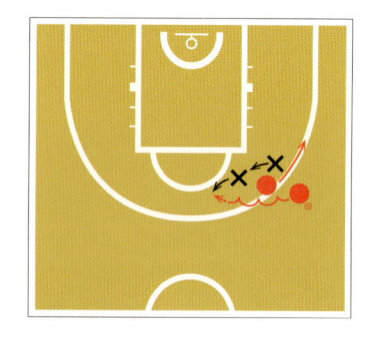

1 スクリーン&アタック

Teaching Point

【ボールマン】
▶ボールマンは、クロスオーバーステップをミドル側に行ない、ピボットした足で体を押し出す。
▶自分の肩をスクリーナーの腰の位置へと持ってくる。
▶ディフェンスの動きを読む。ディフェンダーがスクリーナーについていたり、その後ろに隠れている場合、長いドリブルでミドル側を攻撃する。もしディフェンダーがステップアウトし、出てきたならば、直ちにポップアウトしたプレイヤーにクイックパスをする。

2 ポップアウト

Teaching Point

[ボールマン]
▶ボールマンはスクリーナーを見ない。
▶クイックストップ後、どのタイミングでもパスできるように準備する。

[スクリーナー]
▶スクリーナーは外側へステップアウトし、ターゲットハンドを見せる。
▶低い姿勢を保つ（低い姿勢でボールをキャッチする）。

オープンショットに備える

3　クイックストップ&パス

Teaching Point

【ボールマン】
▶ボールマンはクイックストップ後、ボールを直ちにパスアウトする。
▶ディフェンダーがリカバーする前に早くパスし終えること。

【スクリーナー】
▶スクリーナーは、レディハンドを見せながらボールから離れるように動き続ける。
▶早いタイミングのパスにすばやく対応してキャッチし、直ちにシュートする。
▶遅いタイミングのパスにはボールミートする。

2 MEN GAME >>>> Pick And Slip (Slip The Pick)
ピック&スリップ

　ピック&スリップは、スイッチディフェンスがあった場合に自動的に行なう動きである。ディフェンスがピック&ロール時にスイッチをしたら、オフェンス側は早いタイミングでスリップ（ピック後のすり抜け）し、すばやくレイアップショットを打つ。

　とくにサイズの小さいチームはピック&スリップをことさら多く練習すべきであろう。なぜなら、多くの場合、小さいチームに対してはスクリーンの際にスイッチで守るからである。ピック後のスリッピングはハッチディフェンス（→P.118）に対しても非常に効果的な攻撃だ。

【スイッチを予測し、タイミングを見計らう】
　通常はスイッチはコールされる。そのスイッチのコールが自動的にスリップする合図となる。しかし、タイミングはもちろん重要である！　スクリーナーは自分のディフェンダーが次のマー

クを見つけるために、ステップアップした（自分から離れた）その瞬間のタイミングでスリップすべきである。

　さらに重要なのは、元々のボールマンディフェンダーによい（インサイドの）ディフェンスポジションをとられる前に、スリップすることが大切である。この意味することは、スクリーナーはスクリーンを利用する前にスリップすることもありうるということである。それにより、2対1という有利な状況が作られる。

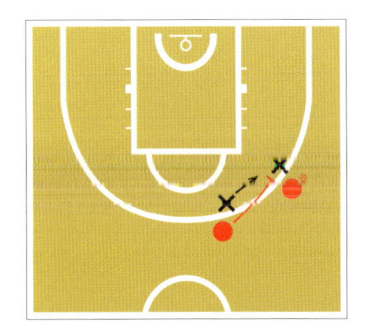

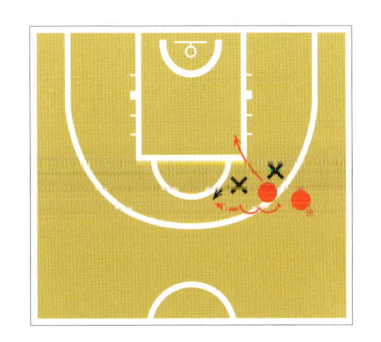

1 スクリーンのセット―ディフェンスの動きを読む

Teaching Point

［ボールマン］
▶ボールマンは、自分のディフェンダーの動きを読み、スイッチのタイミングを予想する。

［スクリーナー］
▶スクリーナーは、自分をマークするディフェンダーの動きを読む。
▶自分をマークするディフェンダーが離れたその瞬間に、スリップできるように準備する。

ゴール方向へ
スリップする

2 スリップ（2対1）

ピック後にスリップしゴールへ向かってカット

Teaching Point

［ボールマン］
▶ボールマンは、すばやいドリブルを1回ついて、プレッシャーから逃れる。

［スクリーナー］
▶スクリーナーは、すばやくフロントピボットをしてスリップする。
▶新たなディフェンダーにシールはしない。
▶内側のポジションを先にとる（より早く動く）。
▶カットし、スピードで抜き去る（ゴールへと切れ込み、ディフェンダーを抜き去る）。
▶高いターゲットハンドを出す（パッサーへ見せる）。

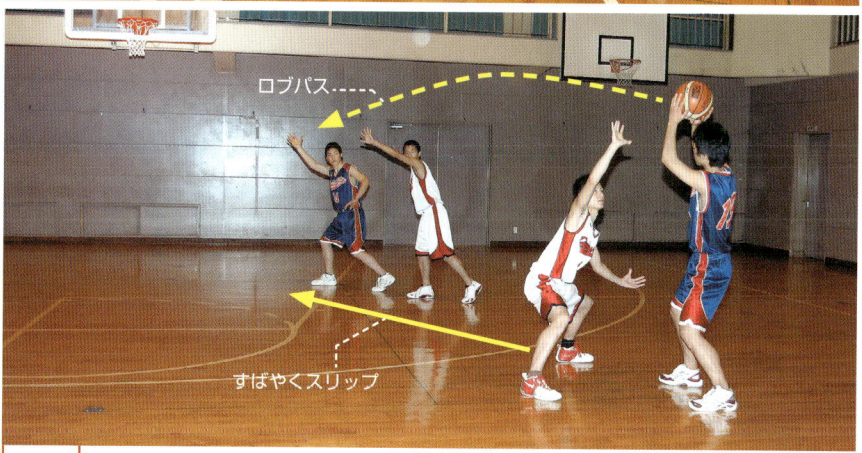

3 | バックカットとインサイドへのパス

ボールマンは外側へのクイックドリブルのあと、ボールを持ち上げオーバーヘッドパスまたはロブパスで、カッティングしたプレイヤーへとボールを送る。

注意

すばやいスリップの動きにおいて、ボールマンがドリブルをするかどうかは重要ではない。したがって、ボールマン(パッサー)は、ディフェンスが早々とスイッチするときには、スクリーナーはスクリーンをセットする前にスリップするので、そのような場合は単純にオーバーヘッドパスをしたほうがよいだろう。

トーステン・ロイブルから読者へのメッセージ〔1〕

すべては自分の選択

▶さまざまな問題に不平不満を抱くよりも、現状を乗り越えるための何かしらの方法を見つけ出すこと。

▶これで満足だと思うより、もっと何かをしようとすること。

▶どんな結果になるかを考えるより、今すべきことに集中すること。

▶抱えた問題についてあれこれ心配するよりも、解決方法について考えること。

▶自己中心的になるのではなく、周囲と協力したり、他の人を助けること。

▶行動や考えを、ネガティブ（後ろ向き）ではなく、ポジティブ（前向き）にすること。

正しい選択はあなたを成功に導くでしょう！！

第4章

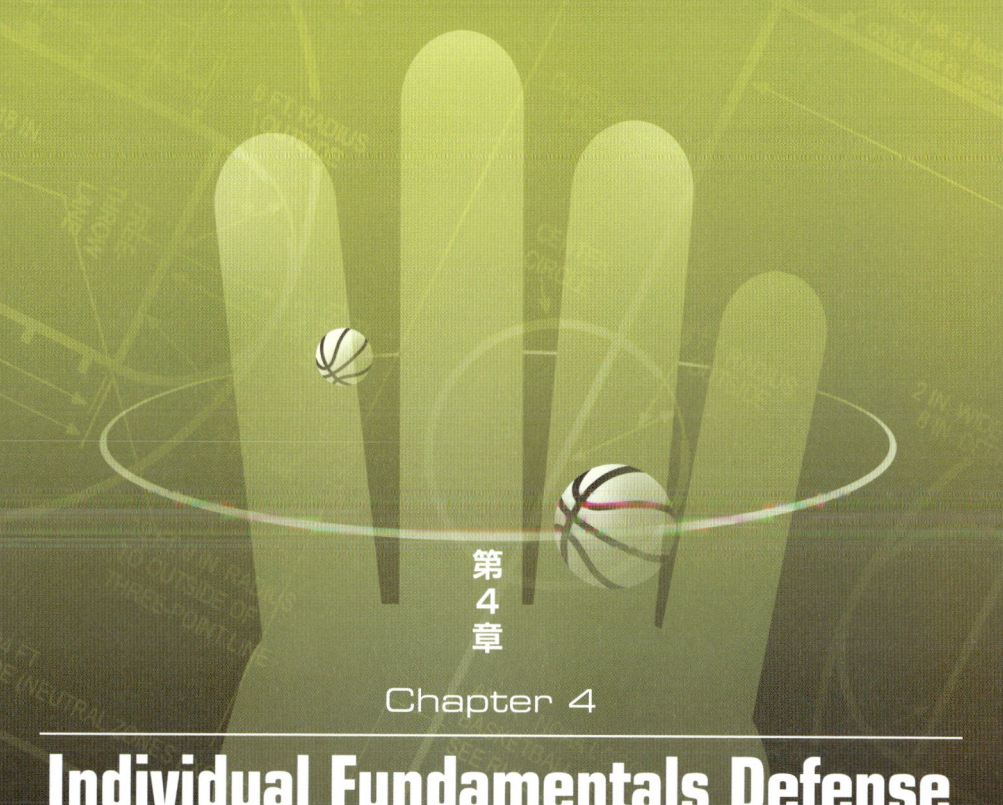

Chapter 4
Individual Fundamentals Defense

――個人ディフェンスの基本技術

Individual Fundamentals Defense

- **On Ball Defense**
  - Control (Back Court)
  - Contain (Front Court)
  - Foot & Hand Work
- **Deny Defense**
  - Back Door Defense
- **Box Out & Rebound**
  - Rebound Techniques
  - Positioning
  - Box Out Foot & Hand Work

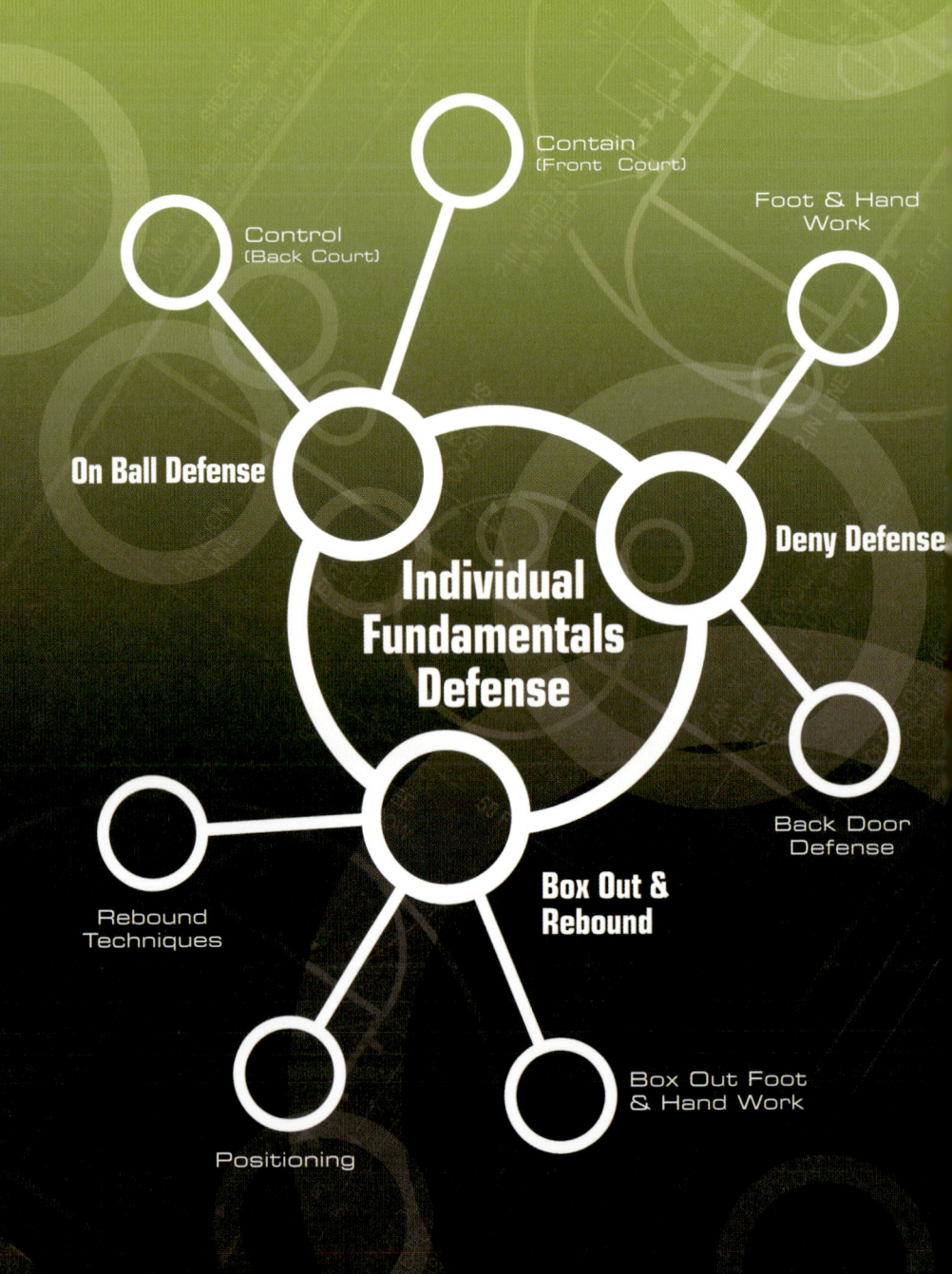

1 ON BALL DEFENSE
オンボールディフェンス

ボールを持ったプレイヤーに対する守りをオンボールディフェンスという。オンボールディフェンスはすべてのディフェンスにおいてカギとなる。フットワークやハンドワークなどの基本を身につけるかたわら、コーチはディフェンスのスタンスについて教えなければならない。

よいディフェンダーとなるためには、すばらしいフットワークとあらゆる種類の運動能力を身につけることが大切である。しかし、仮にそれらを身につけたとしても、実際にコート上で優れたオフェンスプレイヤーと対峙した際に、ディフェンダーが適切なスタンスで構えることができなければ、簡単にペネトレーションされ、ゴールへ向かう動きを止めることはできないだろう。

ON BALL DEFENSE >>>> Defensive Stance
ディフェンスのスタンス
Clip 58

コートには、スタンスの向きの目安となるコート上の目印が3つある。それは自分がマークする相手の位置によって変わってくる。ディフェンダーは自分の足と足を結んだラインがその目印を向くスタンスで構える。

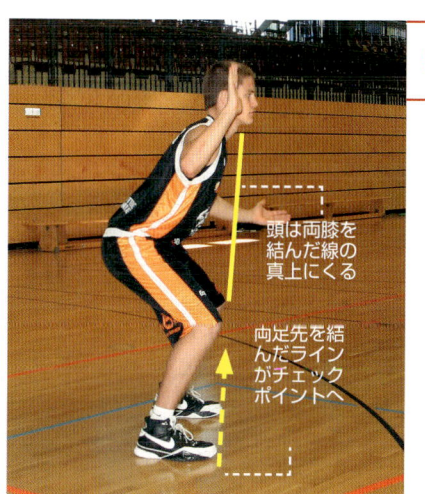

ディフェンスの基本的な構え

頭は両膝を結んだ線の真上にくる

両足先を結んだラインがチェックポイントへ

Teaching Point
- 足は肩幅よりやや広く開く。
- 体の重心は両足の間に置く。
- 頭は両膝を結んだラインの真上に配置し、両肩の中央に置く。
- 無理のない低い姿勢で構える。
- ミドル側の手を上げ、サイドライン側の手を下げる。

EURO BASKETBALL

トップポジションでのスタンスの向き

フリースローラインとサイドラインの交わる点

Teaching Point

▶両足を結んだライン(=両肩を結んだライン)が、サイドラインとフリースローラインの延長線の交わる点へ向くようにする。

🏀 ハイウイングポジションでのスタンスの向き

Teaching Point

▶両足を結んだライン（＝両肩を結んだライン）がコーナーに向くようにする。

🏀 ローウイングポジションでのスタンスの向き

Teaching Point

▶両足を結んだライン（＝両肩を結んだライン）がサイドラインと平行になるようにする。

Chapter 4 >>> Individual Fundamentals Defense

ON BALL DEFENSE >>>> Defensive Position
相手に対する位置と間合い

Clip 54

【フロントコートにおけるディフェンスの課題】
ミドル側をつぶし、サイドラインまたはベースラインへと追い込む。絶対にミドル側に抜かれてはならない！　そのためには自分の鼻を、相手のミドル側（内側）の肩の正面に置き、ミドルへの動きを抑制する。

鼻が相手の内側の肩の正面にくる

自分の鼻を相手のミドル側に肩に合わせる

ディフェンダーは、ミドル側の体のポジションをとることによって、相手をサイドまたはベースラインへ向かわせるように追い込む。

Teaching Point
▶足は両肩よりやや広めに構える。
▶両足を結んだラインの延長線上はコーナーに向ける（ボールがハイウィングポジションにある場合）。
▶サイドライン側の手を下げ、ミドル側の手を上げる（インサイドへのパスを阻止する）。

腕一本分の間合

相手と腕1本分の間合いをとる

Teaching Point
▶サイドライン側の手を下げ、ミドル側の手を上げる（インサイドへのパスを阻止する）。

EURO BASKETBALL

ON BALL DEFENSE >>>> Step Step Motion
ステップステップモーション

　フロントコートでのオンボールディフェンスに必要なのは、ボールの動きを抑制するための"ステップステップモーション"というフットワークである。
　"ステップスライドモーション"（足をスライドさせて移動するフットワーク）にももちろん長所はあるが、"ステップステップモーション"に比べて動きが遅くなるのである。

1 ステップ（1歩目）

　オフェンスプレイヤーがミドル側へ行こうとした場合、外側の足からステップアップする。ディフェンダーはドロップステップ（足を引くこと＝リバースピボット）をしてはならない。なぜなら、ミドル側へ相手を進ませてしまうことになるからである。

Teaching Point
▶外側の足をステップした状態においても、常に両足を結んだラインはコーナーを向いていること。
▶鼻の位置を、相手の内側の肩に合わせる。
▶上半身は動かさない。

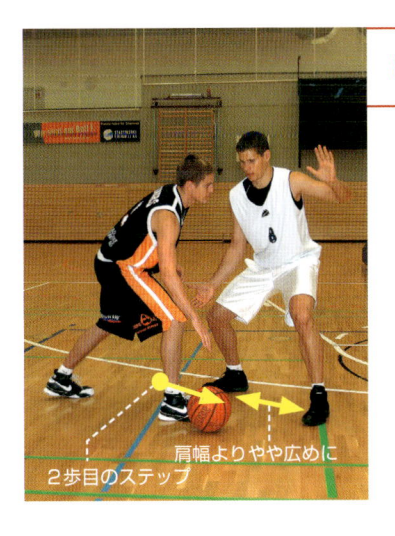

1歩目のステップ

2 ステップ（2歩目）

　かかとを上げて内側の足の拇指球で蹴りだし、外側の足より動きだす（1歩目）。2歩目のステップは、元の構えになるようにステップする。

Teaching Point
▶足をスライド（ひきずる）してはならない。すばやくステップステップする
▶頭の位置を両肩の間に置き続けること。
▶もしコンタクトがあった場合は、胸で受ける。手や腕を使って相手とコンタクトしはいけない（ファウルとなる）！

2歩目のステップ　肩幅よりやや広めに

ON BALL DEFENSE >>>> Release Footwork
リリースフットワーク

Clip 55・59

通常の"ステップステップモーション"だけでは、すばやいドライブに対応することは、ほぼ不可能である。したがって、オフェンスプレイヤーに対して正しいポジションを保つことができなくなったら、ほんの一瞬だけ、そのディフェンスポジションから離れ(リリースし)、再び正しいポジションをとれるように動く。このとき使うのがリリースステップで、このフットワークによって相手のすばやいドライブに対しても、常に正しいポジションをとり続けることができる。このフットワークは、バックコートにおいてよく使われるフットワークである。

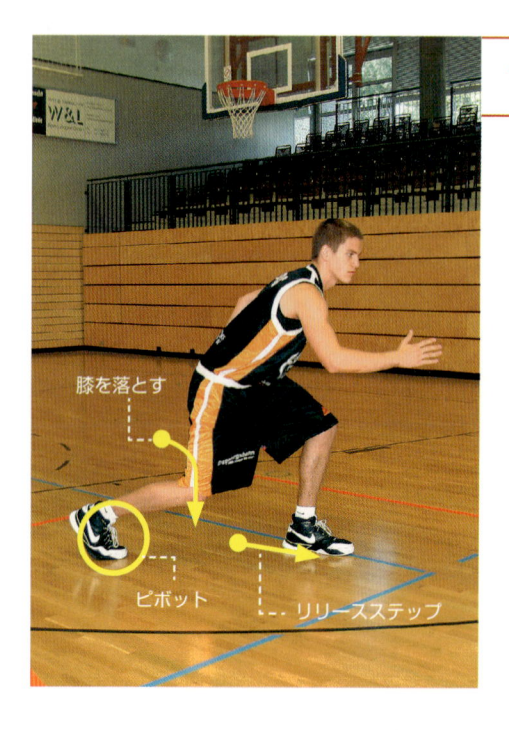

1 スプリントポジションからリリースステップ

Teaching Point

▶内側の足でピボットし、その膝を下へ落とす。反対の足はそのつま先を進行方向へと向けて小さくステップを踏む(リリースステップ)。
▶瞬時に腕を振ることで、爆発的なスピードを生む。
▶頭を上げ、両膝の真上に置くことでバランスを保つ。

2 スプリントステップ

Teaching Point

▶腕をしっかり振り、その勢いを使って加速を生む。
▶足を押し出すときには拇指球を使う。

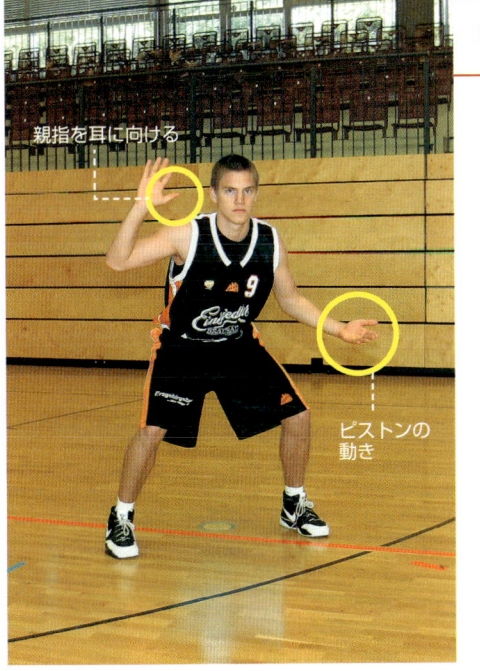

腕を振る
ダッシュする

3 元のディフェンススタンスに戻る

Teaching Point

▶低いディフェンススタンスへと戻る。
▶サイドライン側の手のひらを出したり引いたりしながら、ボールへ向ける。
▶ミドル側の手を上げ、パスのインターセプトをねらう。

親指を耳に向ける
ピストンの動き

ON BALL DEFENSE >>>> Control The Ball In Back Court!
バックコートではボールをコントロールする

【バックコートにおけるディフェンスの課題】

スピードクロスオーバーで抜かれてはならない。自分の鼻を相手のボールの正面に合わせ、相手にターン（スピンターン、クロスオーバー等）を強いることによってスピードを落とさせる。

1 バックコートでの基本姿勢

Teaching Point

▶両足は肩幅よりもやや広めに構える。
▶オフェンスプレイヤーがターンをしたら、リリースステップを踏む。
▶相手の進行方向を遮断する。可能ならばバスケットバスケット・ライン（両ゴール＝バスケットを結んだコートの上の仮想のライン）側をさえぎる。

2 リリースフットワーク

ディフェンダーはマークする相手との間合いを保ち続ける。それにより、スピードクロスオーバーによって抜かれることはなくなる。

Teaching Point

▶ピボットステップを踏むと同時に、肘を曲げ勢いよく腕を振る。
▶直ちに、スプリント姿勢をとる。
▶スプリントし、オフェンスプレイヤーに追いつく。ただし、コンタクトしてはいけない！

手を上に上げる

3 元の姿勢に戻る

ディフェンダーはドリブルの進行方向をさえぎり、再び自分の鼻をボールの正面に持ってくる。センターラインを超えるまでに、2度以上のターンをさせるのは、実際のところかなり難しいかもしれない。したがって、ディフェンダーは、2度目のターンのあとにコート上の各チェックポイントへと追い込むディフェンスに集中するようにする。

Point

鼻をボールの正面に

ピストンの動き

軽く足を動かし続けることによって、すばやいドリブルの動きに対応できる。

2 BOX OUT / REBOUND
ボックスアウト/リバウンド

リバウンドは身長の大きいチームと戦う上で、小さいチームにとっての大きな課題となる。しかし、例えサイズがあるチームであっても、クイックネスの差が原因でリバウンドがとれず悩んでいる場合もある。

リバウンドをとるためにまず考えておくべきことは、ディフェンダーはよいリバウンドポジションをとることである。そのために重要なポイントは、予測とボックスアウトの2つである。

BOX OUT / REBOUND >>>> Positioning(Anticipation)
ポジショニングの予測

プレイヤーは、どこからシュートされたかによって（長いシュートなのか短いシュートなのかによって）、その落下地点を予測しなければならない。

一般的に、ボールはシュートを打たれた反対側へと落ちる。レイアップショットはゴール下に落ちる。中距離シュートは、シュートした地点とゴールの中間地点あたりに落ちる。そしてスリーポイントラインからのシュートは、ほとんどの場合フリースローライン近辺に落ちる。これらはとても簡単な法則であるが、プレイヤーのほとんどは、このことすら頭に入れていない。

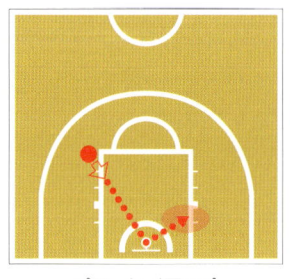

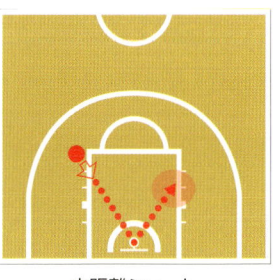

| パワーレイアップ | 中距離シュート | 3ポイントシュート |

BOX OUT / REBOUND >>>> Box Out Foot Work vAnd Hand Work
ボックスアウト

Clip 63~66

　ボックスアウトとは、相手のオフェンスリバウンドを阻止するために、リバウンドに有利なポジションを奪いとることである。

　通常、オンボールディフェンスを行なう場合、ミドル（中央）側を封じ、相手をベースラインへと追い込むが、ボックスアウトの考え方もこれとまったく同じである。オンボールディフェンスのディフェンダーだけでなく、ヘルプポジションにいるディフェンダーがボックスアウトを行なうときにも適用される。

　ディフェンダーは相手の内側の肩側から動きを仕掛ける。この仕掛けによって、相手がリバウンドに向かう方向を限定する。もし、相手がオフェンスリバウンドを取りに行こうとしたら、ディフェンダーは相手の懐へとフロントピボットし、相手を外側へと追い出してしまうようにする（ボックスアウト）。

　下図を見て、その動きの理解を深めよう。

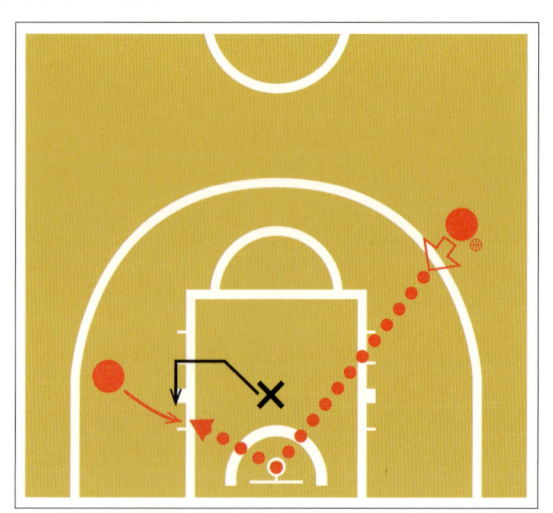

ボックスアウトのコンセプト

1 ヘルプポジションにおける ボックスアウトの準備

Teaching Point

▶マークマンとボールの両方を見る。
▶シュートされた瞬間に、オフェンスプレイヤーへの内側の肩に仕掛ける。

2 フロントピボットをして 相手に向かう
（内側の肩に仕掛ける）

Teaching Point

▶鼻を相手の内側の肩の正面に置く。
▶腕一本分の間合いをとる。
▶内側の足は相手とゴールの間に位置する。

鼻を相手の内側の肩に向ける

Chapter 4 >>> Individual Fundamentals Defense

(頭を後ろに倒す)

(手は頭と肩のラインの間に)

3 ボックスアウト

Teaching Point

▶相手がオフェンスリバウンドを取りにきた場合、フロントピボットをする。
▶両手を頭と肩の間の位置まで上げる。
▶両肘は90度の角度に曲げる。
▶頭を上げ、バランスを保ち、ボールをとらえる。

BOX OUT / REBOUND >>>> Rebound Techniques
リバウンド・テクニック

Clip 63~66

　リバウンドの場面では、多くの悪い習慣を目にすることができる。その中で最も悪い習慣を身につけたプレイヤーは、フロアーに立ちつくし、ボールが落ちてくるのをじっと待ち、その落ちてくるボールをただ拾おうとする。それに比べてよいプレイヤーは、身長差を埋めるために、自分の最高到達点でリバウンドを取ろうと空間へととび上がって取りにいく。

　ディフェンダーはボックスアウトによって相手とコンタクトをとったあと、ただちにボールを奪いとるために空間へととび上がらなければならない。そして最高到達点（「ぶら下がりポイント」と言うこともあるが、最も高い空間に上がった瞬間のことを指す）でボールを捕らえなければならない。

　これらを正しく行なうには、タイミングとコーディネイティブ能力の問題も影響している。プレイヤーはジャンプする正確なタイミングを自身で見つけなければならない。もしジャンプが早すぎるならばボールを取るタイミングが遅れる（下に落ちながらキャッチしてしまう）。もしジャンプが遅ければ、十分に跳び上がる前にボールをキャッチすることになる。どちらのケースでも最高到達点でボールをとることができず、それはすなわち「リバウンドをコントロールできない」ということを意味している。

1　ジャンプして片手でキャッチ

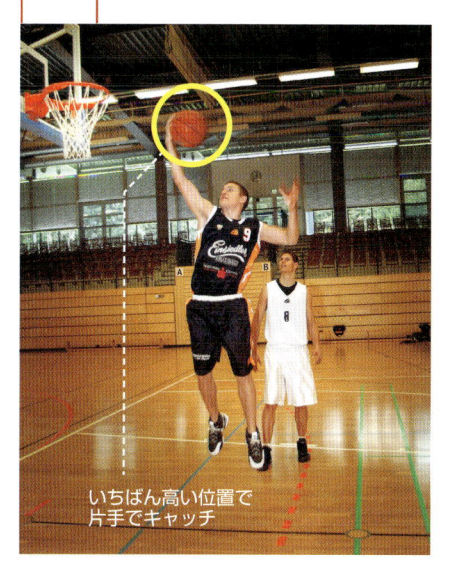

いちばん高い位置で片手でキャッチ

オフアームをボールに近づける

2 ボールを引きつける

Teaching Point

▶とび上がり、片手でボールに触れる。
▶反対側の手は肩の高さで待ち受ける。
▶手首のスナップを使い、はじめに触れた手でボールを反対側の手のほうへとすばやく引き寄せる。

ボールをあごの下へ強く引きつける

3 ボールを守る

Teaching Point

▶ボールをつぶすようにしっかり握り、両肘を外側へ開く。
▶ボールをあごの下へと持ってくる。
▶足を十分に開き、バランスを保つ。
▶すばやいアウトレットパスに備える。

ボールを両手で強くはさむ

両肘を外に開く

3 OFF BALL DEFENSE
オフボールディフェンス

多くのオフェンスのスタートは、ウィングプレイヤーへのパス（＝エントリーパス）から始まる。このパスを出させなければ、相手チームのオフェンスシステムは開始できない。したがって、ディフェンスによるプレッシャーは、ボールへのプレッシャーとパッシングレーンへのプレッシャーから始まる。そういう意味でディナイディフェンスは、アグレッシブなディフェンスといえる。

OFF BALL DEFENSE >>>> Deny Defense
ディナイディフェンス

Clip 67

一般的には、隣のプレイヤーへのパスのうち、ゴールに向かうパスと、インサイドに入ったプレイヤーからのリリースパスについては、フルディナイをする。ゴールから遠ざかるパスについては、それほど危険ではないためディナイをする必要はない。

【ディナイディフェンスの課題】

パッシングレーンをふさぎ、バックドアカットを行なわせる。しかし、そのバックドアカットによる、最初の2歩で抜かれてはならない。

写真注釈（上）:
- 指を広げ手のひらをボールに向ける
- 手と足がパッシングレーンにくるように

写真注釈（下）:
- あごを肩にのせる

ディナイディフェンスの基本姿勢

Teaching Point

- あごを肩の上にのせる。
- まっすぐ指先方向を見て、マークマンとボールの両方を視野に入れる。
- 伸ばした腕と、ゴールより外側の高い位置にある足をパッシングレーンに置く。
- マークマンとは、腕1本分の間合をとる。
- 手のひらをボールに向けて、指を開く。
- 相手をつかむことのないように、空いている手は自分のシャツを握る。

OFF BALL DEFENSE >>>> **Backdoor Defense**
バックドアカットへの対応

画像注釈:
- 頭の向きを変える
- 反対の手をパッシングレーンに
- 外側の足を強く蹴り出し体を押し出す

1 スプリントポジション

　相手がバックドアカットを開始したら、ディフェンダーは外側の足でピボットを踏み、カッターの向かう方向へとつま先を向ける。

Teaching Point

▶ピボットし、後ろ足で勢いよく押し出す。
▶かかとをあげ、膝を下ろす。
▶頭を反対側へと瞬時に振って向きを変え、再びボールを視野にいれる。
▶両足と体はスプリントポジションをとる。

スプリントステップ

2 スプリントステップ

Teaching Point

▶ディフェンダーは引き続きスプリントステップを続ける。
▶バックドアパスをインターセプトする準備をしなければならない。
▶バックドアカットの防御をする際に、相手に決して触れてはならない。

第5章

Chapter 5

Team Fundamentals Defense

チームディフェンスの基本戦術

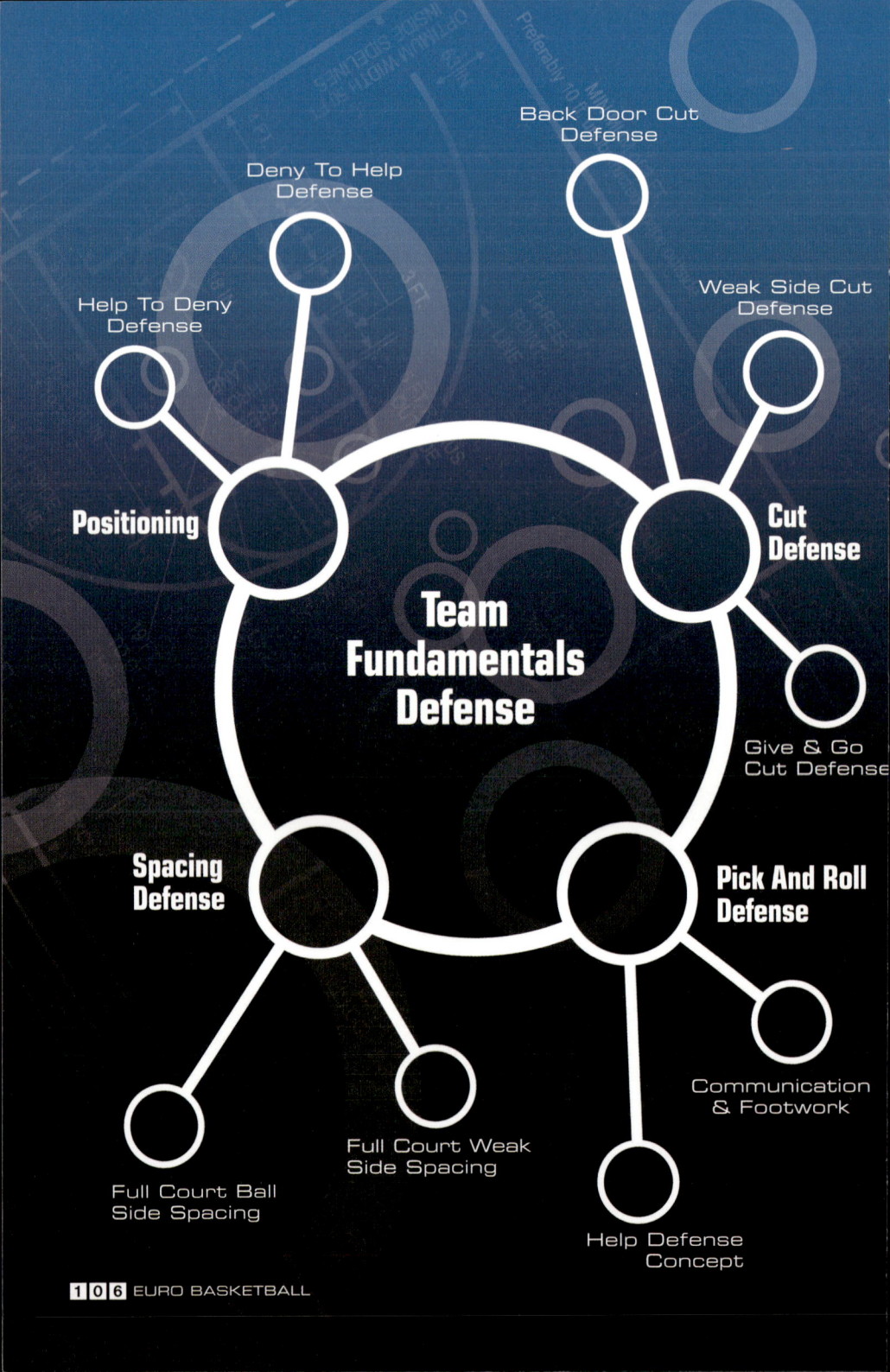

Team Fundamentals Defense

- **Positioning**
  - Help To Deny Defense
  - Deny To Help Defense

- **Cut Defense**
  - Back Door Cut Defense
  - Weak Side Cut Defense
  - Give & Go Cut Defense

- **Spacing Defense**
  - Full Court Ball Side Spacing
  - Full Court Weak Side Spacing

- **Pick And Roll Defense**
  - Communication & Footwork
  - Help Defense Concept

1 POSITIONING
ポジショニング

　よいポジショニングは、すべてのチームディフェンスの基本である。カットに対するヘルプディフェンス、ペネトレーションあるいはスクリーンに対するヘルプディフェンスは、コート上の5人のプレイヤーすべてが、適切なポジショニングを行なうことによって成立する。

　しかし、プレイヤーがある状況における正しいポジショニングを行なうことができるだけでは十分ではない。ゲーム状況は常に変わり続ける。したがって、プレイヤーはある状況から次の状況へとすばやく対応するポジショニングの方法をしっかりと学ばなければならない。これらのポジショニングのカギとなるのは「ヘルプからディナイへ」と「ディナイからヘルプへ」の動きである。

POSITIONING >>>> Positioning
ポジショニングの基本　　Clip 72

【ポジショニングの課題】
❶ボールの動きに合わせて動く。
❷ポジショニングは2歩で完了させる。

1　ボールサイド側はディナイポジション、ウィークサイド側はヘルプポジション

　ボールマンがトップにいてウィングプレイヤーへとパスをしようとしている場合、ボールサイド側のディフェンダーはディナイポジション、逆サイド側(ウィークサイド側)のディフェンダーはヘルプポジションをとる。

2 ボールの動きに合わせてポジションを移動する

ボールが逆サイドへと動く（ドリブルまたはパス）と同時に、ディフェンダーは同じタイミングで動かなければならない。動き出しの合図は、ドリブラーまたはパッサーの肩の動きである。両肩がターン（回転）し始めたら、ディフェンダーは動きを開始し、ボールが移動している間に（パスの場合は空中にある間に）、新しいポジションへと先に移動を完了する。

3 ディナイ（ボールサイド）からヘルプ（ウィークサイド）へ、ヘルプ（ウィークサイド）からディナイ（ボールサイド）へ

POSITIONING >>>> **Help To Deny Defense**

ヘルプからディナイへのフットワーク

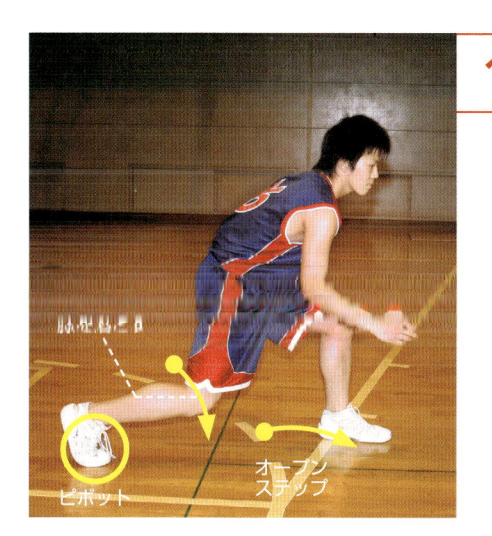

Clip 71

1 オープンステップ

ヘルプからディナイポジションへと移動するとき、ディフェンダーはフロントピボットをする前にオープンステップを踏む。そうすることによって、移動距離を稼ぎ、すばやいポジション移動が可能となる。

Teaching Point

▶パッサーやドリブラーの両肩がターンし始めたら、直ちにミドル側の足でピボットし、同時に反対側の足でステップ（オープンステップ）を踏む。
▶足のつま先はオフェンスプレイヤーのほうへと向ける。
▶ピボットする足の膝を落とす。

2 フロントピボット

オープンステップ直後、ディフェンダーはピボットし、ディナイポジションをとる。そして、パッシングレーンに足を踏み入れる。

Teaching Point

▶ピボットフットでしっかり蹴り出し、反対側の足をパッシングレーンにしっかりと踏み入れる。
▶腕を持ち上げ、すばやく手を上げる。重心は両足の間に位置し、バックドアカットに瞬時に対応できるように準備しておく。

POSITIONING >>>> Deny To Help Defense
ディナイからヘルプへのフットワーク

ディナイからヘルプポジションへ戻る場合、プレイヤーはすばやく動けなければならない。逆サイドのペネトレーションに対しすばやくヘルプしなければならないこともあるからだ。したがって、この場合はスプリントポジションをとる。また、ピボットの際は、常に低い姿勢を維持し、肘を低く下げるように意識する。人間の体は、肘を持ち上げると、自動的に体が伸び上がってしまうからである。

ピボット
かかとを上げる

1 リバースピポッド

パッサーまたはドリブラーの両肩が動いたと同時にリバースピボットをする。

Teaching Point

▶肩が動くと同時に、長いリバースピボットをする。
▶肘を下へと振り下ろし、両足をスプリントポジションにする。

スプリントスタンスで走る

肘を下げる

膝を落とす

ヘルプする方向

ピボット
かかとを上げる

2 リバースピボット

ピボット後、ディフェンダーはヘルプポジションへと走る。ゲームの状況によってはそのまま走り、実際にペネトレーションやバックドアカットなどのヘルプに向かうこともある。

2 CUT DEFENSE
カットに対するディフェンス

　カットディフェンスは、すべてのディフェンス練習において早い段階で指導されるべき項目である。なぜなら、オフェンスプレイヤーのカットを簡単に許してしまうと、それが容易に得点に結びつく可能性があるからである。

CUT DEFENSE >>>> Weak Side Cut
ウィークサイドカットに対するディフェンス

【ウィークサイドカットに対するディフェンスの課題】

❶ディフェンダーは最短距離でカッターをとらえられるようにフラットトライアングル（平らな三角形）の位置をとる。

❷ディフェンダーはカッターをバンプし、オフェンスプレイヤーとボールの間によいポジションをとる。

❸ディフェンダーはコンタクトをとるが、オフェンスプレイヤーにシールされてはならない。

1 フラットトライアングルの位置

Teaching Point

▶マークマンとボールを両方視野に入れる。顔は正面を向く。

▶重心を低くし、ピストルポジション（両人差し指でマークマンとボールを指差し、ピストルを撃つような構え）をとる。

▶カットの動き出しと同時にディフェンダーはカッターに向かってピボットし、相手をとらえる。

2 バンプ

Teaching Point

▶自分のシャツの胸の部分を握り、前腕部分でコンタクトをとる。
▶相手をバンプするときも、バランスを保ち続け、姿勢を常に低く保ちながら、重心を前面へ置く。
▶コンタクト後、相手プレイヤーからすぐに離れ、腕半分ほどの間合いをとることで、シールされないよう警戒する。

あごを肩にのせる
前腕部分でバンプする
カットしてきた相手を食い止める

前腕によるバンプ
自分のシャツを握る

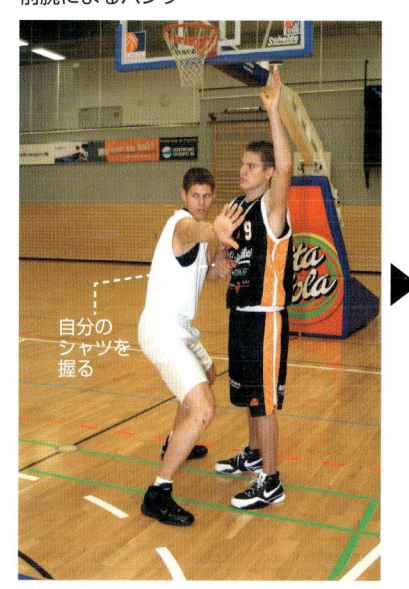

バンプ後に離れる
腕半分ほどの間合

EURO BASKETBALL 113

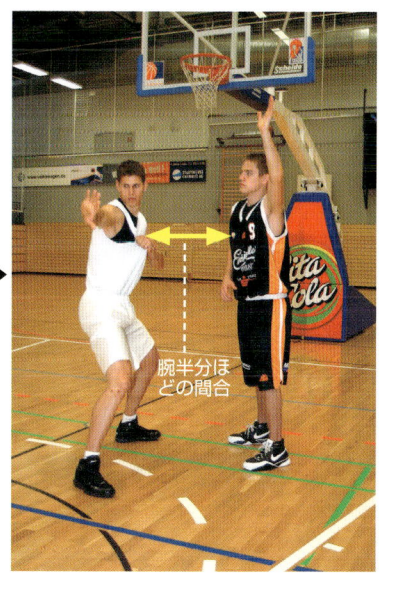

バックドアカット
をディナイする

ピボットし、後
ろ足の拇指球で
体を押し出す

3 バックドアカットへの対応

Teaching Point

▶バックドアカットをさせる。
▶頭と腕を瞬間的に反対側へ振り、ディナイポジションをとる。
▶カッターがウィークサイド側へと流れた場合、再びヘルプポジションをとる。

CUT DEFENSE >>>> Give And Go Cut Defense
ギブ&ゴーカットに対するディフェンス

Clip 69

　ギブ&ゴーカットは、バスケットボールにおいて最もシンプルな2メンゲームで、いつでも有効な攻撃手段となる。なぜならば、ディフェンダーは常にオフェンスプレイヤーの内側の肩の正面に鼻を持ってきているので、オフェンスプレイヤーにはパスの直後にボールサイドカット（＝ギブ&ゴーカット）ができるスペースがあるからだ。

【ギブ&ゴーカットに対するディフェンスの課題】
▶オフェンスプレイヤーにボールサイドカット（マークする相手とボールの間に走り込むプレイ）を許さないようにすること。そのためには、パスが出されたあと、すぐに自分の体をボールとカッター（自分のマークマン）との間に割りこませる。

1　自分の鼻の位置を相手の内側の肩に合わせる

Teaching Point

▶鼻をオフェンダーの内側の肩の正面に置く。
▶ボールをコントロールし、方向づけする。

2 ボールサイドカットに対してディナイバンプ

パスと同時に相手がボールサイドカットを試みた場合、ディフェンダーはディフェンスポジションを先取りし、正当なコンタクトをとる。

画像内ラベル: 自分のマークマンを見る / ボールサイドに体を割り込ませる

Teaching Point

▶ミドル側の足でピボットし、反対側の足でボールサイドへ長いステップを踏む。
▶自分のマークマンとボールの間に入り込み、バックドアカットへ向かわせる。
▶バックドアカットが開始されたら、すばやくリバースピボットが踏めるよう準備しておく。

3 バックドアカットをディナイ

画像内ラベル: 頭をすばやく逆に振る / ディナイバンプ

Teaching Point

▶前腕でディナイバンプをする。
▶ゴールから遠い足でリバースピボットを踏み、頭を瞬間的に反対側に振ってボールを見る。
▶伸ばした腕や手をパッシングレーンに入れ、バックドアカットをディナイする。

3 PICK AND ROLL DEFENSE — Hatch and Over Top
ピック&ロールに対するディフェンス

　ピック&ロールはバスケットボールのゲームにおいて、もっともシンプルかつ効率的なプレイであり、どのレベルにおいても行なわれている。したがって、ピック&ロールに対するディフェンスはとくに力を入れて練習するべきである。なぜなら、ピック&ロールに起因するインサイドへのパスやペネトレーションによって、どのようなチームディフェンスも切り崩されるからである。

　ピック&ロールに対してはさまざまなディフェンス方法がある。もし、チームディフェンスのコンセプトがウィングプレイヤーをディナイし、つまりバックドアカットに仕向け、バックドアカットに対してヘルプ(そしてローテーション)するものであるならば、ハッチ&オーバートップディフェンスが最適な方法であろう。この守り方は、通常行なうバックドアカットに対するヘルプと同じローテーションになる。

　最終目標はボールにプレッシャーをかけ、スクリーンから離れた方向へと追いやることである。

▶スクリーナーのディフェンダーは、オフェンスプレイヤーがそのピックを使おうとした瞬間に、ステップアウト(ハッチ)する。
▶ボールマンのディフェンダーはスクリーナーのトップ側を越えて移動する。そして、スクリーナーのディフェンダーが元のマークに戻れるようにギャップ(通り道)を作る。

▶ピックしたプレイヤーがゴールへ向かってロールし、そこへすばやいタイミングでパスがされた場合には、ウィークサイドのディフェンダーがヘルプしローテーションする。

※ヘルプローテーションに関しては、「ディフェンスのスペーシング」(P.124から)の項を参照。

PICK AND ROLL DEFENSE >>>> Hatch And Over The Top Defense

ハッチ&オーバーザトップディフェンス

Clip 68~70

鼻を相手の内側の肩の正面に

ボールの動きを抑制する

1 スクリーンのセットに対するコミュニケーション

Teaching Point

【スクリーナーのディフェンダー】
▶スクリーナーのディフェンダーは、スクリーンをコールする(「ピック・左(または右)」)。
▶スクリーンがセットされる直前に「セット」とコールする。
▶コールの最中はスクリーナーに接触し続ける。
▶手はオフェンスプレイヤーのパンツのポケットの位置に置く(離れない)。

【ボールマンのディフェンダー】
▶ボールマンのディフェンダーは、「セット」のコールが聞こえるまで、1対1のよいディフェンスポジションを保つ。すなわち、自分の鼻が相手オフェンスプレイヤーの内側の肩の正面に位置するようにする。チェックポイントを意識すること。
▶ミドルドライブは絶対にさせない！
▶スクリーンの「セット」のコールが聞こえたら、足のポジションを変える。

手を相手のポケットに

足の位置を変える

2　ステップアウトの準備

Teaching Point

【スクリーナーのディフェンダー】

▶スクリーナーのディフェンダーは、スクリーナーの背後にまわる。
▶スクリーナーから飛び出る(ステップアウト)の準備をする。
▶手はオフェンスプレイヤーのポケットの位置に置く(離れない)。

【ボールマンのディフェンダー】

▶ボールマンのディフェンダーは、スクリーンを越えるために、ボールマンに近づく。その際、足のポジションを変え、スクリーンにひっかからないように気をつける。
▶ベースラインドライブを絶対にさせない！

オフェンスプレイヤーに密着する

スクリーナーの
肩のラインの延長線上
にステップアウトする

3 ステップアウト

　ハッチとは、扉を開けたり閉めたりする、という意味である。ディフェンダーどうしの正確なスペーシングがカギとなる。スクリーナーのディフェンダーはスクリーナーの肩のラインの延長線上にステップアウトする。

4 ハッチディフェンス

Teaching Point

【スクリーナーのディフェンダー】
▶スクリーナーのディフェンダーは、スクリーナーの肩の延長線上に2歩、外側へとステップアウトする。
▶2歩のステップ後、直ちに元に戻る（外側で待たない！）。
▶コンタクトがある場合は、手ではなく胸で正しいコンタクトをとる。
▶両手を挙げ、ファウルコールを受けないようにする。

【ボールマンのディフェンダー】
▶ボールマンのディフェンダーは、スクリーンにひっかからないように、最初のステップをサイドライン側の外側の足からスクリーンラインの上にステップする。
▶外側の足でピボットを踏み、そして、スクリーンを回避する（トップ側から越えていく）。
▶スクリーナーにひっかからないようにする。

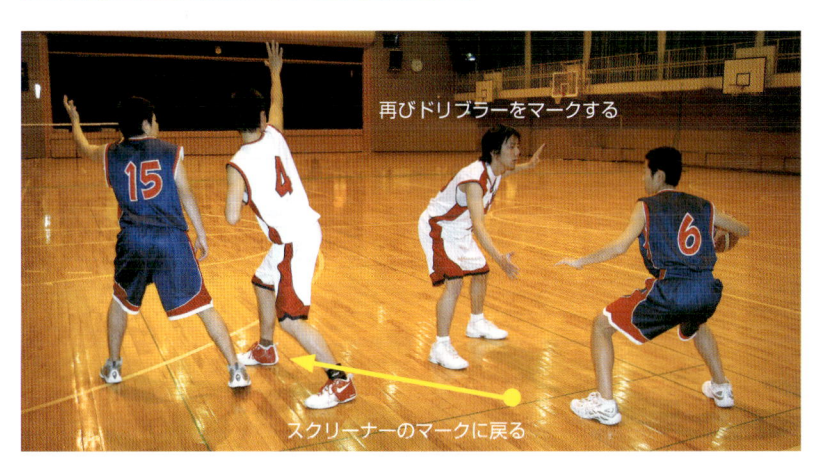

スクリーンの壁より上に外側の足をステップする

2歩上に上がる

スクリーンをよけてまわり込む

再びドリブラーをマークする

スクリーナーのマークに戻る

スクリーナーに
対するディフェ
ンダーのための
ギャップ

5　ギャップをつくる

Teaching Point

▶ミドル側を抑えた、正しいディフェンスポジションをとる。さらに、チームメートがすばやくリカバリーできるようにギャップ（通り道）をつくる。

PICK AND ROLL DEFENSE >>>> **Weak Side Help**
ウィークサイドヘルプ

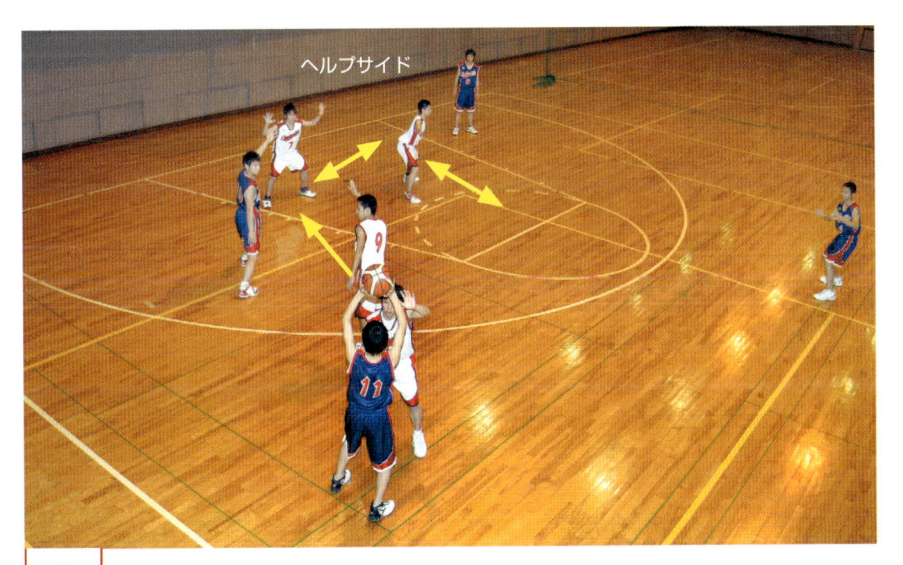

Clip 63~66

ヘルプサイド

ヘルプサイド

スクリーナーのスリップ（ロール）に対するウィークサイドヘルプ

　スクリーナーがピック後にスリップ（ロール）した場合（またはバックドアカットした場合）、ウィークサイドの一番低い位置にいるディフェンダーがカットに対してヘルプし、高い位置にいるウィークサイドディフェンダーが、ヘルプへ行った味方ディフェンダーの位置へローテーションする。

SPACING DEFENSE / POSITIONING
4 ディフェンスのスペーシング

　ディフェンスにおけるよいスペーシングとは、まず最初のステップとして、チームとして全体的なプレッシャーを与えることができるということだ。フルコートでもハーフコートでも、すべてのプレイヤーがディフェンスにおけるスペーシング（ポジショニング）の考え方を理解したならば、オフェンス側にとっては効果的な攻撃をするのが難しい。
　ディフェンスのスペーシングのルールは、とってもシンプルである。しかし、多くのプレイヤーはそれを理解し、身につけ、実践し続けることができていない。したがって、スペーシングの指導方法としては、細かなステップを踏んで指導を進めていくべきである。2人のスペーシングから3人のスペーシングへ、そして4人のスペーシングへと進み、実戦的な5人のスペーシング、すなわち5対5の状況へとステップを踏むとよい。

【ディフェンスのスペーシングの課題】
　オフェンス側にとっての、コートのスペースをつぶし狭くする。つまり、オフェンスが動ける範囲を狭めてしまうことである。

SPACING DEFENSE / POSITIONING >>>> **2 Men Spacing**

2メンスペーシング

1 相手がシュートレンジにいない場合はディフェンスラインを上げる

ボールサイド側で自分のマークマンがシュートレンジにいない場合には、その相手とボールを結んだライン上にステップアップし、自分のポジションを置く。

このラインまで上がる

Teaching Point

▶ディフェンスラインを上げるのは、最高でもボールとマークマンを結んだ線3分の1の距離まで。
▶ボールとマークマンを両方視野にいれる。
▶動き続けること(ステップアップしてみたり、ステップダウンしてみる)で、ドリブラーに考えさせる。
▶ボールと自分とマークマンでフラットトライアングルをつくる。
▶ロブパスによって、裏へ走り込まれ、抜かれてはならない。

2 相手がシュートレンジ内にいる場合はディナイする

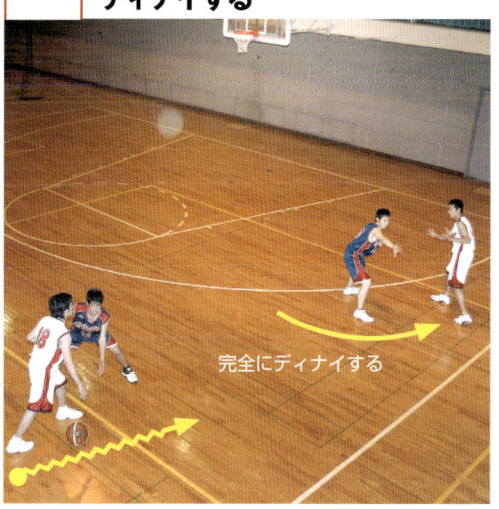

ボールサイド側で自分のマークマンがシュートレンジ内に位置する場合は、パッシングレーンをディナイしなければならない。

完全にディナイする

Teaching Point

▶パッシングレーンには絶対にパスを通させない。
▶バックドアカットへと追いやるが、バックドアカットの最初の1歩でノーマークをつくられてはならない。

SPACING DEFENSE / POSITIONING >>>> **3 Men Spacing**
3メンスペーシング

1　フルコートのウィークサイドのディフェンス

　3メンスペーシングでは、フルコートでのヘルプディフェンスが出たり下がったりと自在に動くことを指導する。これはボールサイドのディフェンダーもウィークサイドのディフェンダーも同様である。ただし、フラットトライアングルの状態を保ちながら動くこととする。また、バスケットバスケット・ラインを超えてはならない。

　プレイヤーは以下の両方のことをしっかりと学ばなければならない。一つはトランジションディフェンス（ファストブレイクに対するディフェンス）において、相手の勢いをストップすること。そして同時によいディフェンスのスペーシングポジションをとることである。

Teaching Point
▶走って戻ること。しかし、マークマンとボールの両方を見る。
▶70%は自分のマークマンに、30%はボールに集中する。
▶両エルボーを結んだ縦のライン（2つのゴールの向かい合うエルボーどうし）とバスケットバスケット・ラインの間に囲まれたエリアへと、急いで戻る。

（写真中の注釈：平らな三角形／ディナイ）

2　ハーフコートのウィークサイドのディフェンス

　両サイドのレーンを走るプレイヤーをストップ（ファストブレイクによるレイアップショットの可能性をストップ）したあとは、ディフェンダーはよいヘルプポジションをとらなければならない。おもな役割はウィークサイドのカットを守ることである。

　ボールサイドのディフェンダーは2メンスペーシングのルールに則り、自分のマークマンがシュートレンジに位置する場合はディナイする。

Teaching Point

- ▶ピストルポジションをとる（ヘルプポジション）。
- ▶フラットトライアングルのポジション内において、自在に動く。
- ▶相手プレイヤーをイライラさせるように、両手を動かし続ける。
- ▶どんなときでもマークマンとボールを見る。
- ▶バスケットバスケット・ラインを越えてはならない。

4メンスペーシング

SPACING DEFENSE / POSITIONING >>>> **4 Men Spacing**

1 フルコートのスペーシング

3メンスペーシングと同様である。ファストブレイクでのレイアップを許してはならない。これに加えて、ウィークサイドのディフェンダーは長い（遅い）パスをインターセプトする準備をしておく。

2 ハーフコートのスペーシング

この段階において、チームディフェンスにおけるカットとペネトレーションのヘルプコンセプトを指導すべきである。

ディナイ

【スペーシングルール】

いちばん低い位置のウィークサイドのディフェンダーが、バックドアカットとベースラインのペネトレーションをヘルプする。その他のウィークサイドにいるディフェンダーは、ヘルプした味方ディフェンダーをヘルプする（ローテーションする）。

SPACING DEFENSE / POSITIONING >>>> **Game Spacing（5 Men Spacing）**
ゲーム（5メン）スペーシング

4メンスペーシングのルールと同じである。ハイポストプレイヤーのディフェンダーは、相手プレイヤーの後ろにいてはならない、そうしなければインサイドにてシールされてしまうからである。

Teaching Point

▶ハイポストにいるプレイヤーにシールされてはならない。

トーステン・ロイブルから読者へのメッセージ〔2〕

ミスと取り組み方

▶さまざまなミスに対して、それを成長のための好機ととらえて対処しよう。

▶何をすべきであったか。

▶それをいつすべきであったか。

▶それをあとどのくらい上手くやらなければならなかったか。

▶常にこれらのことを考え、後悔しないように、いつでもどんなときでも実行していこう。

生まれながらの王者(チャンピオン)はいない!!
自らの手で王者を創り出すのだ!!

第6章

Chapter 6

Body Stabilization

ボディスタビライゼーショ

体力トレーニングを効果的にサポートする
エクササイズTOP10

　ボディスタビライゼーションとは体力トレーニングを効率的に進めるための土台となるものである。安定化した体を持つことで、自身の力を効率的に使いこなすことができる。
　バスケットボール選手の70％は筋力の不均衡に悩んでおり、その筋力の不均衡がけがを引き起こす原因ともなっている。ここに紹介するエクササイズを取り入れ、体を安定化させることによって、けがそのものの予防と身体の強化両面の効果を得ることができる。
　毎日5～10分、練習中または家での自主トレーニングとしてボディスタビライゼーション・エクササイズを行なうことをお勧めしたい。それによって、そのシーズンにおける「けがの予防」と「高いスポーツパフォーマンス」において、信じられないほどの大きな成果が得られることだろう！
　ボディスタビライゼーション・エクササイズは、重量による負荷のないパワートレーニングといえる。このことは、若い年齢の選手にとっても実施可能なトレーニングであるということを示している。安定化していない体で行なうウェイトトレーニング（重量負荷トレーニング）はとても危険であり、その効果も少ない。パフォーマンス面において他チームより優位に立つためにも、ボディスタビライゼーション・エクササイズに十分な時間を費やすべきである。

ボディスタビライゼーション・エクササイズを行なうことによる効果
❶筋力のバランスが保たれる（筋力の不均衡解消）。
❷けがのリスクを最小限にとどめることができる。
❸スプリント力とジャンプ力の向上につながる。

ボディスタビライゼーション・エクササイズ実施の対象年齢
　開始するのは10歳がベストであるが、簡単なエクササイズであれば、7歳頃より開始しても構わない。実施にあたり、上限の年齢制限はない。

正しく体の安定化を図るための練習のキーポイント
▶すべてのエクササイズを正しく正確に行なうこと！　体のラインやフォームを注意深く見ながら、よいフォームをできるだけ長く保ち続けること。各エクササイズとも、よいフォームが崩れた時点でそのエクササイズをやめること！
▶最初は短い時間からエクササイズを始め、トレーニングを重ねることにより、その時間を徐々に　長く伸ばしていくこと。
▶各エクササイズ間の休憩時間は、エクササイズ実施時間の半分とすること。
▶いきなり難しくハードなエクササイズを行なわず、最初はやさしく簡単なエクササイズからスタートすること。
▶いつでも、違った部位をターゲットにしたエクササイズを選択し実施すること（毎回の練習において、すべての筋肉群をトレーニングすること）。

各エクササイズの"実施時間"は、左が初心者レベル、右が上級者レベル。
"セット数"も同様に、左が初心者レベル、右が上級者レベルの目安を示している。
トレーニングの習熟度に応じて、その間の数値をとって行なうこと。

エクササイズ 01

トレーニング部位：背筋群（背筋群全体）
実施時間：10秒〜25秒
休憩時間：実施時間の半分
セット数：2セット〜4セット
フォーム：U字型の腕

▶ 脚を伸ばす。
▶ 両腕と頭および両脚を（10cm）ゆっくりと上げる。

エクササイズ 01 A

フォーム：両腕と両脚を伸ばす

▶ 両腕と両脚を床につける。
▶ 一方の腕とその反対側の脚を徐々にゆっくり上下動させる。
▶ 左右を逆にして同様に行なう。

エクササイズ 02 >>>>

トレーニング部位:背筋群(背筋群全体)
実施時間:10秒〜25秒
休憩時間:実施時間の半分
セット数:2セット〜4セット
フォーム:両腕と両脚を伸ばす

▶両腕と両脚を床から10cm上げる。
▶両腕を肘から肩のラインまで引き、ゆっくりと半円を描くように動かす。

エクササイズ 02 B >>>>

フォーム:両腕と両脚を伸ばす

▶両腕と両脚を床から10cm上げる。
▶タオル(または縄など)を両腕で外側に引っ張る。

エクササイズ 02 A

フォーム：両腕と両脚を伸ばす
- ▶両腕と両脚を床から10cm上げる。
- ▶左右の手にボールを1個ずつのせ、両腕を開閉させる。

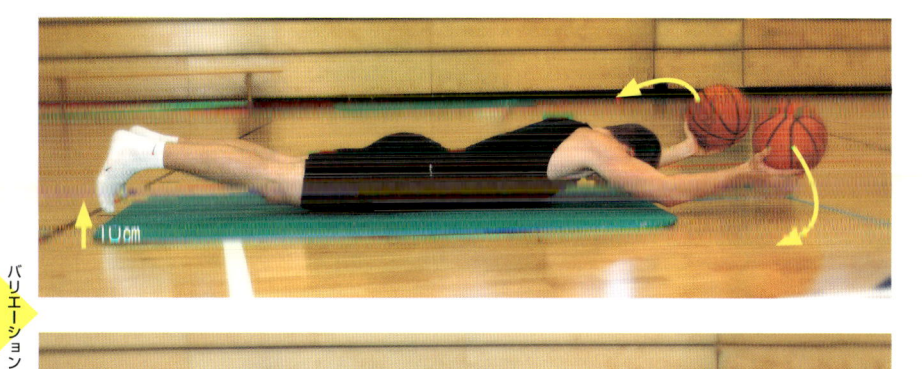

バリエーション

エクササイズ 02 C

フォーム：両腕と両脚を伸ばす
- ▶両腕と両脚を床から10cm上げる。
- ▶両腕を交差した状態でタオルを外側へと引っ張る。

バリエーション

エクササイズ 03 >>>>

トレーニング部位：大臀筋と肩の筋群（首から肩・肩甲骨周辺）
実施時間：10秒～20秒
休憩時間：実施時間の半分
セット数：2セット～4セット
フォーム："テーブル"の形

▶膝を90度の角度に曲げる。
▶両腕を伸ばす。

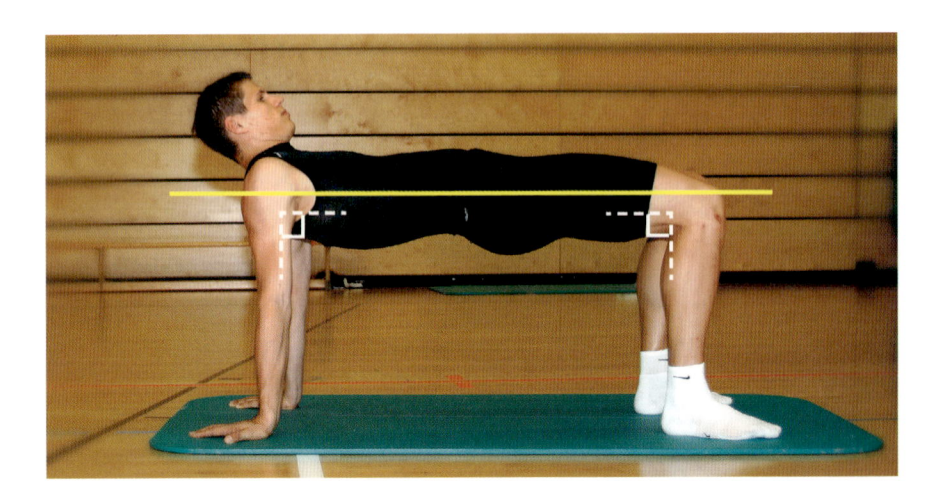

エクササイズ 03 A >>>>

フォーム："テーブル"の形

▶両腕を伸ばし、膝を90度に曲げる。
▶この状態から片足だけをまっすぐ伸ばす。
▶反対の足も同様に行なう。

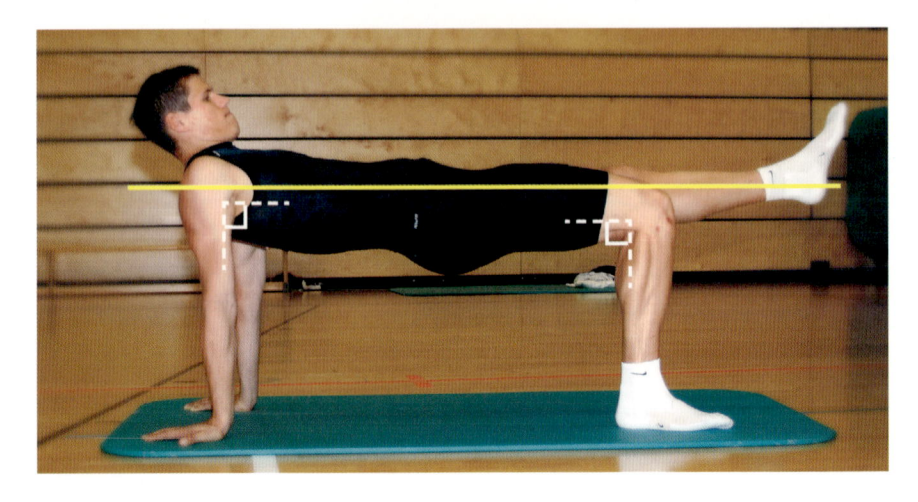

エクササイズ 03 B >>>> フォーム：肘をつけた"テーブル"の形
▶肘から下の部分の腕（前腕部分）を床につける。
▶背中から大腿部を一直線にする。

エクササイズ 03 C >>>> フォーム：肘をつけた"テーブル"の形
▶前腕部分を床につける。
▶背中から大腿部を一直線にする。
▶その状態から片足だけをまっすぐ伸ばす。
▶反対の足も同様に行なう。

| エクササイズ | 04 | >>>>

トレーニング部位：大臀筋
実施時間：15秒〜30秒
休憩時間：実施時間の半分
セット数：2セット〜4セット
フォーム：仰向けの脚曲げ"三角形"の形

▶頭と両肩は床につける。
▶両腕は体の横に置き、両膝を曲げる。
▶腹部を持ち上げ、体を一直線に保つ。

| エクササイズ | 04 | A | >>>>

フォーム：仰向けの脚曲げ"三角形"の形

▶片方の脚を伸ばす。
▶伸ばした脚と上体とを一直線に保つ。
▶反対の足も同様に行なう。

Chapter 6 >>> Body Stabilization

エクササイズ 05 >>>>

トレーニング部位：肩帯および胴体部分の筋
実施時間：10秒～20秒
休憩時間：実施時間の半分
セット数：2セット～4セット
フォーム：横向き"三角形"の形（写真中参照）

▶肘および肘下の前腕部分を床につける。
▶両脚と上体および頭が一直線になるようにする。（写真右参照）

EURO BASKETBALL 139

エクササイズ 05 A >>>> フォーム：横向き"三角形"の形（肘をつく）
▶肘下の前腕部分を床につける。
▶大腿部から脚を持ち上げて開き、まっすぐに伸ばす。

エクササイズ 05 B >>>>

フォーム：横向き"三角形"の形（肘を伸ばす）
▶肘を伸ばし手を肩下の床につく。
▶大腿部から脚を持ち上げて開き、まっすぐに伸ばす。
▶両腕を伸ばす。（写真右ページ上）

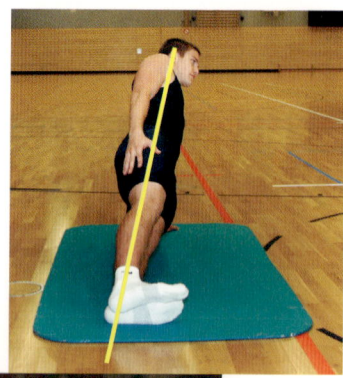

Chapter 6 >>> **Body Stabilization**

エクササイズ **05** **C** >>>>

フォーム：横向き"三角形"の形（肘を伸ばす）

- ▶ 大腿部から脚を持ち上げて開き、まっすぐに伸ばす。
- ▶ 空いている片方の腕と手をシュートの構えにする。
- ▶ ペアを組んだパートナーとボールをパスする。
- ▶ 最高10回のパスを行ない、パスの最中であっても、フォームを崩さない！

ワンハンドキャッチ

EURO BASKETBALL **141**

エクササイズ 06

トレーニング部位：腹部の筋群
実施時間：15秒～30秒
休憩時間：実施時間の半分
セット数：2セット～4セット
フォーム：仰向けで膝を90度に曲げる

- ▶仰向けになり、膝を90度に曲げる。
- ▶腹部と大腿部が90度になるように曲げる。
- ▶頭と両肩は床から離し、少し持ち上げる。
- ▶手は床につけておく。

エクササイズ 06 A

フォーム：仰向けで膝を90度に曲げる

- ▶エクササイズ06の状態から片方の脚を伸ばす。
- ▶伸ばした脚は他方の曲げた脚よりも低くする。
- ▶5秒キープしたら、伸ばす脚を替える。

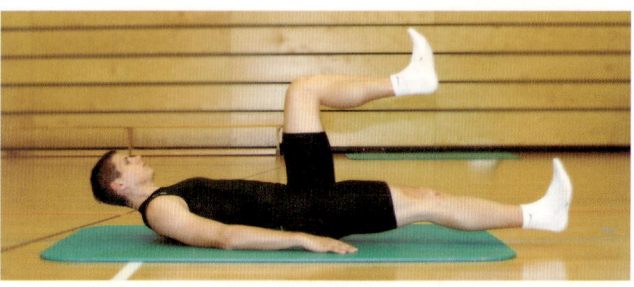

エクササイズ 06 B >>>> フォーム：仰向けで膝を90度に曲げる
▶両脚をゆっくりと交互に回転させる（自転車こぎ）。

ゆっくり回す

エクササイズ 07 >>>>
トレーニング部位：体全体
実施時間：15秒〜25秒
休憩時間：実施時間の半分
セット数：2セット〜4セット
フォーム：開始ポジション"ボックス"

▶両膝と両手を床につけ、背中をまっすぐにする。
▶一方の腕を前方に伸ばし、反対側の脚を後方へまっすぐ伸ばす。
▶両腕、背中、脚が一直線になるようにする。

エクササイズ 08

トレーニング部位：大胸筋と肩および胴体部分の筋
実施時間：15秒～30秒
休憩時間：実施時間の半分
セット数：2セット～4セット
フォーム：開始姿勢は肘を伸ばした、腕立て伏せの姿勢
　　　　　（リラックスする）

▶ゆっくりと両腕を曲げ、その姿勢を5秒間保つ。
▶ゆっくりと両腕を押し上げ肘を伸ばし、5秒間その姿勢を保つ。
▶必ず、両腕、背中、頭が一直線になること。

| エクササイズ | 09 | >>>> |

トレーニング部位：大胸筋と肩および胴体部分の筋
実施時間：15秒～25秒
休憩時間：実施時間の半分
セット数：2セット～4セット
フォーム：開始姿勢は、肘をついた肘立て伏せのような姿勢

▶一方の脚を10㎝床から上げ、5秒間その姿勢を保つ。
▶反対の脚も同様に行なう。

エクササイズ 10 >>>>

トレーニング部位:脚および胴体部分の筋
実施時間:10秒～20秒
休憩時間:実施時間の半分
セット数:2セット～4セット
フォーム:"ブリッジ"の姿勢(両肩、両腕とかかとを床につけて、腰と背中を上に持ち上げる)。

▶一方の脚を床から10cm上げ、その姿勢を5秒間保つ。
▶反対の脚も上げ、同様に行なう。

本書に出てくる
バスケットボール用語集

　本書では、これまで日本ではあまり使われていない用語も含め、基本的に英語をそのままカタカナ表記にして使用しています。それら本書に登場するバスケットボール用語の意味を解説しましたので、理解するための参考にしてください。

●ア行

アイソレーション(Isolation)
ボールマンの1対1に対して他のプレイヤーがウィークサイドに集まった状態のこと。攻撃能力が高いプレイヤーを活かすため、意図的にアイソレーションの状態にして1対1のスペースをつくり出す場合がある。

アウトレットパス(Outlet Pass)
ディフェンスリバウンドをとってから攻撃に移るために最初に出すパス。

アタックステップ(Attack Step)
攻める方向に踏み出すステップ。あるいは攻めと見せかけて相手ディフェンダーを片側に寄せるためにも使う。(→P.41)

アドバンスドリブル(Advance Dribble)
いつでも攻撃できる姿勢で行なうドリブル。ゴールに正対し、ドリブルする側の足をやや前に構え、ボールとリーディングフットが互い違いのリズムで床に着くようにドリブルする。(→P.36、43)

インサイドアウトドリブル(Inside Out Dribble)
ボールが身体の中心と外側を行き来するようにつくドリブル。手は左右どちらか一方で行なう。(→P.36、43)

インサイドアウトモーション(Inside Out Motion)
インサイドアウトドリブルをするときの、円を描くようにする手の動き。(→P.43)

ウィークサイド(Weak Side)
バスケットバスケット・ラインによってコートを左右に二分したときの、ボールのないほうのサイド。ヘルプサイドともいうが、本書ではウィークサイドという用語を使用している。

ウィング(Wing)
フリースローラインの延長線と3ポイントラインが交わるあたりの、ゴールに向かって45度付近のエリア。

ウィングプレイヤー(Wing Player)
両ウィングでプレイすることが多いプレイヤーを指す。シューティングガード、スモールフォワードなどがウィングプレイヤーとなることが多い。

ウィングデリバリーパス(Wing Delivery Pass)
トップにいるプレイヤー(ポイントガード)からウィングプレイヤーへのパス。(→P.35)

エルボー(Elbow)
制限区域のフリースローライン側の角のL字ライン。

オーバートップ(Over Top)
ピック&ロールディフェンスの際、オンボールディフェンスのプレイヤーがスクリーンの壁を越えて守ること。(→P.118)

オフアーム(Off Arm)
ボールを保持していないほうの腕。またはワンハンドシュートの、添えているほうの手(腕)。

オフェンスエントリー(Offense Entry)
オフェンスの開始。

オフボールディフェンス(Off Ball Defense)
ボールを持っていないオフェンスプレイヤー、あるいはボールがないスペースに対するディフェンス。

オーバーヘッドスナップパス(Over Head Snap Pass)
ポストプレイヤーやゴールに向かってカットしてきたインサイドのプレイヤーに対し、腕を上げ、ディフェンダーの耳の横と頭上の"パッシングウインドウ"からスナップを効かせて出すパス。(→P.33)

オーバーハンド レイアップ(Over Hand Lay Up)
レイアップ(シュート)の一種で、ボールを手のひらにのせて、肘と手首が90度の状態で、手首のスナップを効かせて放つシュート。(→P.45)。

オープン(Open)
ディフェンダーがいないスペース。オフェンスプレイヤーにマークがいない状態。

オープンステップ(Open Step)
足を交差させないで左右斜め方向に踏み出すステップ。

オンサイドステップ(On Side Step)
ドリブルをしているほうの手と同じ側の足で踏み出すこと。On Same Side Stepの略。

オンボール(On Ball)
ボールを保持していること。またはボール保持者、そのサイド。

オンボールディフェンス(On Ball Defense)
ボールを保持しているプレイヤーに対するディフェンス。(→P.85)

●カ行

カット(Cut)
オフェンスの選手が攻撃のために動くこと。Vカット、バックドアカットなど、その動き方によって名称のついたカットの仕方がいくつかある。

カットディフェンス(Cut Defense)
攻撃側のカットに対するディフェンス。(→P.112)

カールカット(Curl Cut)
スクリーナーをまわり込むようにして行なうカットプレイ。

ギブ&ゴーカット(Give And Go Cut)
ボールを持つ選手が味方にパスをし、ディフェンダーを振り切ってリターンパスをもらうプレイ。パス&ラン。

クローズアウト(Close Out)
ディフェンダーがボールマンとの間合いを詰めること。自分のマークマンとの距離の3分の2まで走り、残り3分の1はスタッターステップを踏む。

クロスオーバームーブ(Cross Over Move)
自分の体の前面でボールを交差させて移動し、抜き去るドリブルテクニック。(→P.42)

クロスステップ(Cross Step)
足を交差させて左右方向に踏み出すステップ。あるいは足を常に交差させながら移動するときのフットワーク。クロスオーバーステップ(Cross Over Step)ともいう。

コーディネイティブ能力(Coordinative Abilities)
すべての運動の動き方を身につけるための土台となる能力。日本では「調整力」などと訳されている。(→第1章)

●サ行

ジャブステップ(Jab Step)
軸足(ピボットフット)を動かさないまま、もう一方の足(フリーフット)でフェイントのためにゴール方向に小さく踏むステップ。

シューティングテーブル(Shooting Table)
シュートを打つときの、ボールが手のひらにきちんと収まり、そのまま伸び上がればシュートが打てる、腕、手首、手のひらの状態。ちょうど安定したテーブル状になっている。

シュート(Shoot)／ショット(Shot)
英語では名詞の場合はショット、動詞（シュートを打つ）の場合はシュートであるが、日本では名詞の場合にもシュートが使われることが多い。本書でも原則的にそれに従ったが、他の単語と合わせて熟語になっている場合はショットとした。（例：セットショット、ショットフェイクなど）

ショットフェイク(Shot Fake)
シュートを打つと見せかけてボールや身体を動かすプレイ。相手に防御姿勢をとらせ、その隙にドリブルで抜いたりパスを出すことができる。ポンプフェイクもショットフェイクのひとつ。

シール(Seal)
相手に密着した状態で、相手の動きを封じながらパスをもらうテクニック。ディフェンダーの動きがすばやい場合やディフェンダーの身体が自分より大きい場合にとくに有効。(→P.30)

スイッチ(Switch)
ディフェンダーがマークする相手を交換すること。

スクリーン(Screen)
オフェンスプレイヤーがディフェンダーの進路を妨げる位置にポジションをとり、自らの体を壁のように使って、味方の攻撃を助けるプレイ。スクリーンをかけるプレイヤーをスクリーナー(Screener)と呼ぶ。

スタッターステップ(Stutter Step)
両足を細かく早く、ソフトに踏むステップ。足音は鳴らさない。

スティール(Steal)
試合の流れの中で、オフェンスプレイヤーのボールをディフェンダーが奪うこと。

ステップステップ モーション(Step-Step-Motion)
オンボールディフェンスにおいて、進行方向側の足からステップを踏み始め、床すれすれを、足を引きずらないで両足を移動させる技術。(→P.89)

スナップパス(Snap Pass)
手首のスナップを効かせて腕から下は大きく動かさずに行なうパス。腕の使い方の違いにより、オーバーハンドスナップパス、サイドスナップパスなどの種類がある。(→P.37)

スピードクロスオーバー(Speed Cross Over)
スピードに乗った状態で、ボールを身体の前面で交差させながら行なうドリブル。とくに速攻の場面で使うことが多い。(→P.40)

スプリット(Split)
2人のディフェンダーの間を切り裂いてカッティングすること。

スプリントステップ(Sprint Step)
短距離走のように足を交互に出して速いスピードで進む足使い。(→P.91、104)

スプリントポジション(Sprint Position)
短距離走のスタンディングスタートの姿勢。(→P.90、103)

スペーシング(Spacing)
味方の選手同士の間隔や位置取り。オフェンス、ディフェンス両方の場合に使う。(→P.55、P.124)

セットショット(Set Shot)
オープンの状態など、余裕のあるときに、きちんと構えて打つシュート。

● タ行

ターゲットハンド(Target Hand)
パスの受け手が、ボール保持者にとってパスの目標、的になるように見せる手。(→P.27)

ターンオーバー(Turn Over)
シュートミス以外で、ボールの所有がオフェンス側からディフェンス側に移り、攻撃権が変わること。

チョビーステップ(Choby Step)
アドバンスドリブルの状態から、前後左右へと小さく移動するステップ。

ディナイ(Deny)
ディフェンス側がボールのパスレーンをふさぐようにして、ボールが渡らないようにすること。その守り方をディナイディフェンス(Deny Defense)という。

ドライブ(Drive)
ドリブルによって相手を抜き、攻め込むこと。

ドライブ&キック(Drive And Kick)
ドリブルでディフェンダーを抜き去ってゴールへ向かい、敵のヘルプディフェンスがきたところで、反対側のオープンになった味方にパスを出すプレイ。(→P.38)

トランジションディフェンス(Transition Defense)
攻撃と防御の切り替わりの際に行なうディフェンス。

トリプルスレットポジション(Tripple Threat Position)
シュート、パス、ドリブルのいずれのプレイもすばやくできるような体勢。

ドロップステップ(Drop Step)
リーディングフットを後方に引くステップ。(→リーディングフット)

●ハ行

ハイインサイドパス(High Inside Pass)
ポストプレイヤー、もしくはリングに向かってカッティングしてきたプレイヤーに対する、インサイドへのパス。テクニックとしてはオーバーヘッドスナップパスが使われる。(→P.33)

ハイポスト(High Post)
ポストプレイを行なうエリアのうち、フリースローライン近辺からセンターラインに近いほうのエリア。

バウンズパス(Bounds Pass)
床にボールをバウンドさせて味方に出すパス。

バスケットバスケット・ライン(Basket Basket Line)
両バスケットを結んだ、コート縦中央の仮想のライン。日本では「ミドルライン」と呼ばれることが多いが、英語にははなく、バスケットバスケット・ラインが一般的である。

バックコート(Back Court)
センターラインでコートを二分割したとき、オフェンスから見て、自分たちが攻撃するほうと反対側のコート。

バックドアカット(Backdoor Cut)
ウィングポジションに位置するプレイヤーが、ゴールに向かって鋭く切れ込むカット。(→P.28)

バックボード(Back Board)
リングが取り付けられている板。後板。

パッシングウインドウ(Passing Window)
ディフェンダーの頭の横と頭上のエリア。ディフェンダーにとっては手が届かずボールをインターセプトしにくいので、オーバーヘッドスナップパスを出すときは、このパッシングウインドウを通すのが基本。(→P.35)

パッシングレーン(Passing Lane)
パスの軌道、パスコース。

ハッチ(Hatch)
ピックプレイに対し、スクリナーのディフェンダーが、ドリブルの進行方向をゴールから遠ざけるために、壁のように自分の身体を使い進行方向に出て、その後すぐに自分のマークマンに戻ること。そのような防御の仕方をハッチディフェンス(Hatch Defense)という。(→P.118)

バンプ(Bump)
ディフェンダーが、自分の身体で相手の進行方向をさえぎり、前腕でコンタクトをとりながら、相手の進行方向を変えさせること。ディナイディフェンスの体勢でパスレーンをふせぎながらバンプすることをディナイバンプ(Deny Bump)という。

ピストルポジション(Pistol Position)
ウィークサイドのディフェンダーなどがとる防御の体勢で、両人差し指でマークマンとボールを指さす構え。ピストルを撃つときの姿勢に似ていることからこう呼ばれる。(→P.112)

ピック(Pick)
オフェンスプレイヤーがディフェンダーをブロックするようなポジションをとること。スクリーン。そのようなプレイのことをピックプレイ(Pick Play)という。(→ピック&ロール)

ピック&ロール(Pick And Roll)
スクリーナーがディフェンダーにスクリーンをかけ(ピック)、身体を反転させて(ロール)、ノーマークをつくるプレイ。(→P.72) バリエーションとして、ピック&スリップ(Pick And Slip→P.78)、ピック&ポップ(Pick And Pop→P.79)などのプレイがある。

ピボット(Pivot)
一方の足を動かさずに上げて順指球で床を踏みつけて軸をつくり、さまざまな方向に体を回転させる技術。自分の前向(胸)の方向にピボットすることをフロントピボット(Front Pivot)、背中の方向にピボットすることをリバースピボット(Reverse Pivot)という。

ファストブレイク(Fast Break)
速攻。ボールが味方の手に渡ってから、オールコートを使って速く攻めること。

ファンダメンタル(Fundamental)
基礎、基本。

フェイク(Fake)
あるプレイをすると見せかけて相手を反応させ、別のプレイをして優位に立つこと。相手をだますプレイ。シュートと見せかけてドリブル、パスをすると見せかけてドリブル、パスを受けるふりをするなど、さまざまなプレイがある。

フットアドバンテージ(Foot Advantage)
自分の足の位置を相手よりも有利なポジションに置くこと。

フット・ボールのリズム(Foot Ball Rythm)
アドバンスドリブルの際に、ボールと足をつくタイミングが互い違いになるようなリズム。(→P.36)

Vカット(V-cut)
プレイヤーの動きがVの字のような軌跡を描くカット。すばやくターンしてディフェンダーを振り切り、パスを受ける。(→P.25)

フレアーカット(Flare Cut)
プレイヤーの動きがサイドライン側に広がるような弧を描くカット。

フローティングドリブル(Floating Dribble)
ボールを浮かすようにして、リズムに変化をつけたドリブル。

フロントコート(Front Court)
センターラインでコートを二分割したとき、自分たちが攻撃するほうのコート。

ペイントエリア(Paint Area)
ゴール付近の3秒制限区域。色が塗られている場合が多いのでこう呼ばれる。エリア、ペイントゾーンと言われることもある。

ベースラインドライブ(Baseline Drive)
ウィングポジションにいるときに、ベースライン側をペイントエリアへと抜いていくプレイ。

ペネトレイト(Penetrate)/ペネトレーション(Penetration)
ドリブルでディフェンダーを抜くこと。突破の意。そのプレイのことをペネトレーションという。

ヘルプディフェンス(Help Defense)
ボールを持っていないプレイヤーをマークしていたディフェンダーが、状況の変化に応じてボールを持つ相手プレイヤーのマークへと移動しディフェンスをすること。

ポストプレイ(Post Play)／ポストムーブ(Post Move)
ゴールに近いエリアで行なうプレイ。ポストプレイをするためにそのエリアで行なうさまざまな動きをポストムーブという。

ボックスアウト(Box Out)
リバウンドをとるプレイヤーが、好ポジションをとるために相手をブロックすること。(→P.95)

ボールサイドカット(Ball Side Cut)
自分をマークするディフェンダーと、ボールの間に走り込むカットプレイ。

ボールマン(Ball Man)
ボールを保持しているプレイヤー。

ボールミート(Ball Meet)／ミートザボール(Meet The Ball)
ボールを受けるためにボールに向かって飛びつくこと。

ポンプフェイク(Pump Fake)
ボールを上げ、膝を曲げてお尻を下げ、シュートをすると見せかけるフェイク。

● マ行

マークマン(Mark Man)
自分がマークしている相手チームのプレイヤー。

ミドル(Middle)
コートを縦に見たときの中央付近。バスケットバスケット・ラインの方向。

● ラ行

リーディングフット(Leading Foot)
ゲーム中のあらゆる姿勢において、左右の足のどちらかが前に出ている場合、前に出ているほうの足。

リリースステップ(Release Step)／リリースフットワーク(Release Footwork)
ディフェンダーがオフェンスプレイヤーのすばやい動きについていくために使う、スプリントステップにつなげるためのステップ。(→P.88)

リリースパス(Release Pass)
インサイド(ゴールに近いエリア)のプレイヤーからアウトサイドのプレイヤーに出すパス。

レイアップ(Lay Up)
ステップを踏んで両腕を持ち上げながら、ゴールにボールを置くように打つシュート。オーバーハンド レイアップ(Over Hand Lay Up)、1ステップ レイアップ(1Step Lay Up)、パワーレイアップ(Power Lay Up)など、さまざまな種類がある。

レーンランナー(Lane Runner)
速攻のときなどに、攻撃方向へ、先頭を切って走るプレイヤー、通常は両サイドに広がってコートサイドを走る。

ロブパス(Lob Pass)
ボールを浮かせ、ディフェンダーの裏側へと送るような、山なりの軌道で味方に出すパス。

● ワ行

1オン1(1on1)
1対1。1人のプレイヤーに対して敵も1人の状況での攻防。2オン2などもそれに準ずる。

Learning Age Diary
—WHEN to teach WHAT—

学習年齢ダイアリー －いつ、何を教えるか－

　技能を指導するには、正しいことをただ教えるだけであってはならない。正しいことを適切な時期に指導することが大切である！　コーチは、プレイヤーの成功の鍵を握る重要な存在であり、とくに、若い子どもたちを指導する場合には、なおさら重要な意味を持つ。コーチはプレイヤーの社会性と競技面との両側面の成長において、大きな責任を負うこととなる。

　重要なのは、長期的な視野に立ち、何が最もプレイヤーの助けになるかを考えることである。そして、そのことはときに、短期的な成功という視点からは離れることもあると理解しておいてほしい。以下の一覧表には、多くのファンダメンタルとチームファンダメンタルを列挙した。年齢軸とともに、これらの技能を正しい時期に指導するための参考にしていただきたい。

🟦	導入と知識の投入（見せる、説明し理解させる）
🟥	練習、ドリル（訓練する）
🟩	習得（それをできるようにする）
🟧	反復（スキルを保つために最低限練習する）

学習年齢（歳）	10	11	12	13	14	15	16	17	18	19
オフェンスの基本技術—フットワーク										
方向転換＆スピードチェンジ	🟦🟥	🟥	🟥	🟩	🟧	🟧	🟧	🟧	🟧	🟧
ジャンプ＆ストライドストップ	🟦	🟦🟥	🟥	🟥	🟩	🟩	🟧	🟧	🟧	🟧
クイックストップ			🟦	🟦🟥	🟥	🟩	🟧	🟧	🟧	🟧
フェイドアウェイジャンプストップ			🟦🟥	🟦🟥	🟥	🟥	🟩	🟧	🟧	🟧
ピボット（フロント＆リバース）	🟦🟥	🟥	🟥	🟥	🟧	🟧	🟧	🟧	🟧	🟧
Vカット	🟦	🟦🟥	🟥	🟥	🟩	🟧	🟧	🟧	🟧	🟧
バックドアカット			🟦	🟦🟥	🟥	🟥	🟩	🟧	🟧	🟧
Lカット				🟦	🟦🟥	🟥	🟥	🟩	🟧	🟧
シール					🟦	🟥	🟩	🟧	🟧	🟧
ポストアップ				🟦	🟦🟥	🟥	🟥	🟩	🟧	🟧
ウィークサイドカット	🟦	🟥	🟩	🟧	🟧	🟧	🟧			🟧

学習年齢（歳）	10	11	12	13	14	15	16	17	18	19
ギブ＆ゴーカット	🟦	🟥	🟩	🟧	🟧	🟧	🟧	🟧	🟧	🟧
フレアーカット			🟦	🟥	🟥	🟩	🟧	🟧	🟧	🟧
ベイト＆アタック			🟦	🟥	🟥	🟩	🟧	🟧	🟧	🟧
クロスオーバーステップ	🟦	🟥	🟩	🟧	🟧	🟧	🟧	🟧	🟧	🟧
オンサイドステップ	🟦	🟥	🟩	🟧	🟧	🟧	🟧	🟧	🟧	🟧
ジャブステップ	🟦🟥	🟥	🟩	🟧	🟧	🟧	🟧	🟧	🟧	🟧
トリプルスレット（シンプル）	🟦🟥	🟥	🟩	🟧	🟧	🟧	🟧	🟧	🟧	🟧
トリプルスレット（ボールの動きを伴う発展型）			🟦	🟥	🟥	🟩	🟧	🟧	🟧	🟧
ジャンプペネトレーション			🟦	🟥	🟥	🟩	🟧	🟧	🟧	🟧
ホイールステップ（270度ステップ）				🟦	🟥	🟥	🟩	🟧	🟧	🟧
ウイングドロップステップ				🟦	🟥	🟥	🟩	🟧	🟧	🟧
オフェンスリバウンド（ダイビング）				🟦	🟥	🟥	🟩	🟧	🟧	🟧
オフェンスリバウンド（スイミング）				🟦	🟥	🟥	🟩	🟧	🟧	🟧

オフェンスの基本技術―パス

学習年齢（歳）	10	11	12	13	14	15	16	17	18	19
チェストパス	🟦🟦	🟥		🟧	🟧					
バウンズパス	🟦🟦	🟥		🟧	🟧					
オーバーヘッドパス	🟦🟦	🟥	🟩	🟧	🟧					
ワンハンド スナップパス（右・左）	🟦	🟦🟥	🟥	🟩	🟧	🟧	🟧	🟧	🟧	🟧
ベースボールパス		🟦	🟥	🟩	🟧	🟧	🟧	🟧	🟧	🟧
ドライブ＆キック（ピボット＆パス）			🟦	🟥	🟩	🟧	🟧	🟧	🟧	🟧
サイドスナップパス			🟦	🟥	🟩	🟧	🟩	🟧	🟧	🟧
オーバーヘッド スナップパス（右・左）			🟦	🟥🟥	🟩	🟧	🟧	🟧	🟧	🟧
両手のスキップパス				🟦	🟥	🟩	🟧	🟧	🟧	🟧
ドリブルからパス（速攻パス）―両手			🟦	🟥	🟩	🟧	🟧	🟧	🟧	🟧
ドリブルからパス（速攻パス）―片手				🟦	🟥	🟩	🟧	🟧	🟧	🟧
ロブパス	🟦	🟥	🟥	🟩	🟧	🟧	🟧	🟧	🟧	🟧
スピンスナップパス				🟦🟥	🟥	🟩	🟧	🟧	🟧	🟧
タッチパス				🟦🟥	🟥	🟩	🟧	🟧	🟧	🟧

オフェンスの基本技術―ドリブル

学習年齢（歳）	10	11	12	13	14	15	16	17	18	19
腕と手の技術	🟦🟦	🟥		🟧	🟧					
インサイドアウトの手首の動き		🟦	🟥	🟥	🟩		🟧	🟧		
スタンス／ボディコントロール	🟦🟦	🟥	🟩	🟧	🟧	🟧	🟧	🟧	🟧	🟧
ドリブルリズム	🟦🟦	🟥	🟩	🟧	🟧	🟧	🟧	🟧	🟧	🟧
アタックステップ	🟦🟦	🟥	🟩	🟧	🟧	🟧	🟧	🟧	🟧	🟧
スピードチェンジ（ストップ＆ゴー）	🟦🟦	🟥	🟩	🟧	🟧	🟧	🟧	🟧	🟧	🟧
クロスオーバードリブル（シンプル）	🟦🟦	🟥		🟧	🟧	🟧	🟧	🟧	🟧	🟧
アタックステップムーブ	🟦🟦	🟥		🟧	🟧	🟧	🟧	🟧	🟧	🟧
スタッタードリブル（スピードチェンジ）			🟦	🟥	🟥		🟧	🟧	🟧	🟧
インサイドアウトムーブ			🟦	🟥🟥	🟥	🟩	🟧	🟧	🟧	🟧
パワードリブル（ベーシック）			🟦	🟥	🟥	🟩	🟧	🟧	🟧	🟧

学習年齢（歳）	10	11	12	13	14	15	16	17	18	19
ドラッグドリブル			🟦	🟥	🟩	🟧	🟧	🟧	🟧	🟧
スピン/スピンフェイク		🟦	🟥	🟥	🟥	🟩	🟧	🟧	🟧	🟧
チェンジングハンド（ビハインド ザ バック/レッグスルー）			🟦	🟥	🟥	🟩	🟧	🟧	🟧	🟧
スピンムーブ			🟦	🟥	🟥	🟥	🟧	🟧	🟧	🟧
クロスオーバードリブル			🟦	🟥	🟥	🟩	🟧	🟧	🟧	🟧
エクストリーム クロスオーバー				🟦	🟥	🟩	🟧	🟧	🟧	🟧
ファーストブレイク クロスオーバー			🟦	🟥	🟥	🟩	🟧	🟧	🟧	🟧
フローティングドリブル					🟦	🟥	🟥	🟧	🟧	🟧
スペースメーカードリブル				🟦	🟥	🟥	🟧	🟧	🟧	🟧

オフェンスの基本技術―シュート

学習年齢（歳）	10	11	12	13	14	15	16	17	18	19
オーバーハンド レイアップ	🟦🟥	🟥	🟩	🟧	🟧	🟧	🟧	🟧	🟧	🟧
(レイアップ)	🟦🟥	🟥	🟧	🟧	🟧	🟧	🟧	🟧	🟧	🟧
アンダーハンド レイアップ	🟦🟥	🟥		🟧	🟧	🟧	🟧	🟧	🟧	🟧
レイアップのリズムチェンジ		🟦	🟥	🟥	🟩	🟧	🟧			
キャッチ&シュート（セットショット）	🟦🟥	🟥	🟩	🟧	🟧	🟧	🟧	🟧	🟧	🟧
カール（カット）&シュート				🟦	🟥	🟩	🟧	🟧	🟧	🟧
ターン&シュート（セットショット）	🟦	🟦	🟥	🟥	🟧	🟧	🟧	🟧	🟧	🟧
キャッチ&シュート（ジャンプショット）				🟦	🟥	🟩	🟧	🟧	🟧	🟧
ターン&シュート（ジャンプショット）				🟦	🟥	🟥	🟧	🟧	🟧	🟧
パワーレイアップ		🟦			🟥	🟧	🟧	🟧	🟧	🟧
フックレイアップ				🟦	🟥	🟥	🟧	🟧	🟧	🟧
リバースレイアップ				🟦	🟥	🟥	🟧	🟧	🟧	🟧
スイッチハンド レイアップ				🟦	🟥	🟥	🟩	🟧	🟧	🟧
スピンレイアップ				🟦	🟥	🟥	🟧	🟧	🟧	🟧
1ステップ レイアップ				🟦	🟥	🟥	🟧	🟧	🟧	🟧
ドリブル後のジャンプショット（ジャンプ&ストライドストップ）				🟦	🟥	🟥	🟧	🟧	🟧	🟧
ステップスルームーブ			🟦	🟥	🟥	🟥	🟧	🟧	🟧	🟧
フェイドアウェイ ジャンプショット				🟦	🟥	🟥	🟥	🟧	🟧	🟧
スクリーン後のジャンプショット				🟦	🟥	🟩	🟧	🟧	🟧	🟧
フレアー&ショット				🟦	🟥	🟥	🟧	🟧	🟧	🟧
スピードジャンプショット（スプリント後にキャッチ&シュート）				🟦	🟥	🟩	🟧	🟧	🟧	🟧
フックショット（片足踏み切り）			🟦	🟥	🟥	🟩	🟧	🟧	🟧	🟧
フックショット（両足踏み切り、パワーフック）				🟦	🟥	🟥	🟧	🟧	🟧	🟧

チームオフェンスの基本技術

学習年齢（歳）	10	11	12	13	14	15	16	17	18	19
ギブ&ゴーカット	🟦🟥	🟥	🟥	🟧	🟧	🟧	🟧	🟧	🟧	🟧
ウィークサイドカット	🟦	🟦🟥	🟥	🟥	🟧	🟧	🟧	🟧	🟧	🟧
フラッシュカット					🟥	🟥	🟩	🟧	🟧	🟧
ピック&ロール				🟦	🟥🟥	🟥	🟧	🟧	🟧	🟧
ピック&ポップ					🟦	🟥	🟩	🟧	🟧	🟧
ピック&スリップ				🟦	🟥🟥	🟥	🟧	🟧	🟧	🟧

学習年齢（歳）	10	11	12	13	14	15	16	17	18	19
ウィークサイドスクリーン2オン2（ダウン、クロス&バックスクリーン）&セカンドアクション（ストレート、カール、フレアー）				🟦🟩🟥	🟥		🟧	🟧	🟧	🟧
ハンドオフ		🟦	🟥	🟩	🟧		🟧	🟧	🟧	🟧
スタッガード&ダブルスクリーン				🟥	🟦🟩🟥		🟧	🟧	🟧	🟧
2メン スペーシング（ペネトレーション）	🟦	🟦	🟥	🟩	🟧		🟧	🟧	🟧	🟧
3メン スペーシング（ペネトレーション）	🟦	🟦	🟥	🟩	🟧		🟧	🟧	🟧	🟧
2メン スペーシング（カット）	🟦	🟦	🟥	🟩	🟧		🟧	🟧	🟧	🟧
3メン スペーシング（カット）	🟦	🟦	🟥	🟩	🟧		🟧	🟧	🟧	🟧
2メン スペーシング（スクリーン）				🟦🟥	🟥		🟧	🟧	🟧	🟧
3メン スペーシング（スクリーン）				🟦🟥	🟥		🟧	🟧	🟧	🟧

ディフェンスの基本技術

学習年齢（歳）	10	11	12	13	14	15	16	17	18	19
"ステップ・ステップ" ムーブ	🟦🟥	🟥	🟥	🟩	🟧		🟧	🟧	🟧	🟧
リリースフットワーク		🟦	🟥	🟩	🟥	🟩	🟧	🟧		🟧
ディナイディフェンス	🟦🟥	🟥	🟥	🟥	🟧		🟧	🟧	🟧	🟧
ボックスアウト（フロント&リバースピボット）	🟦🟥	🟥	🟥		🟧			🟧	🟧	
ボックスアウト（発展型―相手の動きを封じ込め―フロントピボット）					🟦		🟥	🟧	🟧	🟧
リバウンド（両手）	🟦🟥	🟥	🟥		🟧			🟧	🟧	
リバウンド（片手）				🟦🟥	🟧		🟧	🟧	🟧	🟧
ポジショニング&1オン1のオンボールディフェンス（ボールの動きを抑える）		🟦	🟥	🟥	🟩		🟧	🟧	🟧	🟧
ポジショニング&1オン1のオンボールディフェンス（コントロール）		🟦	🟥	🟥	🟩		🟧	🟧	🟧	🟧
クローズアウトフットワーク		🟦	🟥	🟥	🟩		🟧	🟧	🟧	🟧
テイキングチャージ（チャージをとるテクニック）					🟦	🟥	🟩	🟧	🟧	🟧
ポストディフェンス（背面&前面）					🟦	🟥	🟩	🟧	🟧	🟧

チームディフェンスの基本技術

学習年齢（歳）	10	11	12	13	14	15	16	17	18	19
ポジショニングムーブ（ディナイからヘルプへ）			🟦	🟦🟥	🟥		🟧	🟧	🟧	🟧
ポジショニングムーブ（ヘルプからディナイへ）			🟦	🟦🟥	🟥		🟧	🟧	🟧	🟧
フルコートでのディフェンス スペーシング（3オン3）				🟦	🟥		🟧	🟧	🟧	🟧
バックドアヘルプ				🟦	🟥		🟧	🟧	🟧	🟧
シンプルヘルプローテーション（3オン3）				🟦	🟥		🟧	🟧	🟧	🟧
ポジショニング（4オン4）					🟦	🟥	🟩	🟧	🟧	🟧
ピック&ロール ディフェンス				🟦	🟥		🟧	🟧	🟧	🟧
ギブ&ゴーカット ディフェンス		🟦		🟥	🟥	🟩	🟧	🟧	🟧	🟧
ウィークサイドカット ディフェンス			🟦	🟦🟥	🟥		🟧	🟧	🟧	🟧
スクリーン ディフェンス（フォロー&スライドスルー）				🟦	🟥		🟧	🟧	🟧	🟧
バックスクリーン ディフェンス（バンプ&リカバー）					🟦🟥	🟥	🟩	🟧	🟧	🟧
インサイドスクリーン ディフェンス（ポストスクリーン）						🟦	🟦🟥	🟩	🟧	🟧

EURO BASKETBALL

THANKS for the support
サポートしていただいた方々に感謝します！

Andreas Worenz
アンドレアス　ヴォーレンツ（オーストリア出身）

198cm、フォワード
1982年生まれ
クラブ：
ウォルタータイガーズ・チュービンゲン
（D1ドイツ）

サント・ポルテン
（D1オーストリア）

リムーノbasers
（プロAドイツ）

アンドレアスは17歳からヨーロッパ各地でプロ契約選手としてプレイしています。彼は類まれなシューターであるのみならず、素晴らしいディフェンダーとしてよく知られた選手です。彼は今もなお、オーストリアの3PS成功率シーズンレコード65%の記録を保持しています。オーストリアのスーパーカップでサント・ポルテンの一員として優勝し、ユーロカップでのプレイを経験しています。

Sascha Ahnsehl
サッシャ　アーンゼール（ドイツ出身）

188cm、ガード
1986年生まれ
クラブ：
ケムニッツ99ers
（プロAドイツ）

パウニー高校

サッシャはドイツのケムニッツ市で育ち、数度に渡り、ドイツの選抜チームに選抜され、プレイしています。彼は交換留学生として、アメリカのパウニー高校でプレイし、そこでリーグMVPをとり、コロラド州のオールステイトファーストチームに選抜されました。

大宮北高校バスケットボール部員と佐藤光壱

大宮北高校の選手の皆さんに感謝します。私は佐藤先生や大宮北高校のチームとは、2000年に埼玉県スポーツ国際交流員として勤めていた頃からの付き合いです。このチームは私に強い感動を与えてくれました。このチームは才能に恵まれているわけではありませんが、選手たちは素晴らしいファンダメンタルを身につけています。佐藤先生はファンダメンタルの指導において素晴らしい仕事をされています。彼のチームは素質の足りない部分を、その素晴らしいバスケットに取り組む姿勢とファンダメンタルで克服しています。

伊豆倉明了

伊豆倉先生はこの本のメイン翻訳者です。彼女は私が日本で行なったクリニックに最も多く参加し、その通訳を行なってきました。彼女の素晴らしい通訳の能力において、この本を翻訳してもらうにあたり、私は彼女の他に適任者を見つけることはできませんでした。

撮影スタッフ

私は撮影のスタッフの皆さんと仕事ができて本当に感謝しています。そのプロフェッショナルな仕事ぶりに感動し、また本当に楽しい時間をすごせました。ありがとうございました！

Torsten Loibl
トーステン・ロイブル

1972年5月1日生まれ
ドイツ・ザクセン州・ケムニッツ市出身

コーチ資格:
AライセンスFIBAコーチ（25歳で史上最年少取得）

受賞歴:
2007年　コーチオブザイヤー（日本男子バスケットボール・スーパーリーグ）
2010年　コーチオブザイヤー（ドイツ男子バスケットボール・プロAリーグ）
2007年　全日本総合バスケットボール選手権大会優勝（天皇杯）
2006-2007年　日本男子バスケットボール・スーパーリーグ優勝

現在、優れた指導力を持つバスケットボールコーチとしてドイツ、日本のみならず、諸外国にて広くその名前を知られている。2013年U19世界選手権、2014年U17世界選手権(日本代表参加大会)では、大会開催中に企画されるFIBAインターナショナルコーチクリニックで、2年連続、ゲストスピーカーとして、その他の名だたるコーチたちとともに、世界から集まるコーチを相手にクリニックを行なった。

彼のコーチングのスタートは、コーチングライセンスを取得した16歳のときである。地元クラブチームU14のチームも指導してそのチームのカテゴリーを上げ、またそれ以降も指導実績を重ね、1990〜2000年(U14-U18)の間に11回ものザクセン州チャンピオンタイトルを勝ち取った。最終的にはU14から育てた男子の選手たちをプロ入りの選手にまで成長させ、自身も23歳でザクセン州の専属ヘッドコーチとしてプロコーチの道がスタートした。

1997-1998年
U20オールドイツ南部選抜チームヘッドコーチ

1999-2004年
ドイツナショナルチームコーチングスタッフ(各アンダーカテゴリー指導)

2002-2006年
BVケムニッツ99ヘッドコーチ(ドイツ男子プロバスケットボールチーム・プロA)

2006-2008年
トヨタアルバルクヘッドコーチ(日本男子バスケットボール・スーパーリーグ)

2008-2009年
BVケムニッツ99ヘッドコーチ(ドイツ男子プロバスケットボールチーム・プロA)

2009-2010年
BVケムニッツ99スポーツディレクター(ドイツ男子プロバスケットボールチーム・プロA)

2010-2011年
BVケムニッツ99ヘッドコーチ(ドイツ男子プロバスケットボールチーム・プロA)

2011-2012年
レバンガ北海道ヘッドコーチ(日本男子バスケットボール・スーパーリーグ)

2012年-
日本バスケットボール協会スポーツディレクター兼アソシエイトヘッドコーチ

ヨーロッパスタイル・バスケットボール最新テクニック［新装版］ＤＶＤ付
©Torsten Loibl, 2014　　　NDC783／159p／21cm

新装版第1刷 ———— 2014年11月20日

著　者 ———— トーステン・ロイブル
訳　者 ———— 伊豆倉明子
発行者 ———— 鈴木一行
発行所 ———— 株式会社　大修館書店
　　　　　　　〒113-8541　東京都文京区湯島2-1-1
　　　　　　　電話03-3868-2651（販売部）　03-3868-2299（編集部）
　　　　　　　振替00190-7-40504
　　　　　　　［出版情報］http://www.taishukan.co.jp

装丁・本文デザイン —— 一ノ瀬基行
組版／図版作成 ———— Lowork
印　刷 ———————— 東京印書館
製　本 ———————— 司製本

ISBN978-4-469-26766-2　Printed in Japan

R 本書のコピー、スキャン、デジタル化等の無断複製は著作権法上での例外を除き禁じられています。本書を代行業者等の第三者に依頼してスキャンやデジタル化することは、たとえ個人や家庭内での利用であっても著作権法上認められておりません。

本DVDに収録されているデータの無断複製は、著作権法上での例外を除き禁じられています。